W0461069

LIVE/WORK

Le 139 Bond Society

LIVE / WORK

Des lieux où vivre et travailler

Flammarion

AVANT-PROPOS

BOND SOCIETY

Remettre en jeu la frontière hermétique entre lieux de vie et lieux de travail bouscule nos certitudes d'architectes. C'est ce brouillage de genres que propose d'explorer *Live/Work*, à hauteur de terrain : d'abord avec une spécialiste anglophone du sujet, Frances Holliss, puis à la lumière de dix projets conduits par des conceptrices, concepteurs et maîtres d'ouvrage qui ont pris le parti de l'hybridité.

Cette étude menée avec et pour le compte de Logeo Seine a engagé près de deux années de travail au sein du pôle recherche de notre agence d'architecture Bond Society. La présente publication rejoint une série lancée en 2016, motivée par l'observation des réorganisations de la société au prisme de l'architecture. Ces précédentes recherches portaient tant sur l'habitat des jeunes actifs (*Homy. Coliving, cohabiter*, 2018) que sur l'adaptabilité des logements au télétravail (*HoMyDesk*, 2020) ou les colocations de retraités (*Coup de vieux... et si l'habitat senior participatif anticipait le logement de demain ?*, 2022). À notre échelle, il s'agit à chacune de ces occasions de lever notre crayon, de nous accorder du temps pour prendre un peu de recul, et parfois de reconsidérer nos manières de concevoir en retour.

En partageant les différentes connaissances produites avec les personnes actrices de la ville – architectes, urbanistes, élues et élus, membres d'organismes bailleurs ou opérateurs –, nous cherchons à contribuer à une meilleure visibilité, et finalement à une meilleure compréhension des dynamiques à l'œuvre ou en devenir. Dans le cas de *Live/Work*, nous avons partagé avec Logeo Seine le souhait de s'adresser à un public plus large, grâce à cette publication aux Éditions Flammarion. Si nous identifions plusieurs raisons de trouver de l'intérêt à ces dispositifs centaures, nous avons la conviction qu'il s'agit là d'une véritable question de société qui dépasse le cadre de l'architecture, méritant d'être soumise au débat public. C'est pourquoi nous espérons que cet ouvrage pourra lui offrir un accès, ainsi que quelques repères. /

STÉPHANIE MORIO ET CHRISTELLE GAUTREAU
Architectes associées, cofondatrices de Bond Society

LOGEO SEINE / LE 139

Logeo Seine est une Entreprise sociale pour l'habitat du groupe Action logement, acteur de référence sur l'Axe Seine, qui s'engage pour un habitat abordable, producteur de lien et répondant aux transformations qui marquent notre époque.

Cette ambition se traduit par des actions à impact sur la **ville**, à travers des projets urbains qui la rendent plus désirable, sur l'**habitat** qui devient « habitat augmenté » en intégrant espaces partagés, équipements et services abordables, sur le **travail**, avec des solutions adaptées pour accompagner les parcours professionnels, et enfin sur le **lien social** et **l'épanouissement personnel** qui sont la finalité essentielle de nos actions.

C'est pour mieux appréhender ces thèmes et relever ces défis qu'en 2018, Logeo Seine s'est doté d'un espace d'échanges, d'étude et d'expérimentation : le **139**. Cet espace, c'est d'abord un lieu physique hybride ouvert au public qui occupe tout le rez-de-chaussée de notre siège social au Havre : coworking gratuit, incubateur pour entreprises du champ de l'économie sociale et solidaire et de l'habitat, conférences, débats, ateliers... Au-delà du lieu physique, le 139 est aussi la marque d'un écosystème de personnes engagées – habitantes et habitants, élues et élus, architectes, urbanistes, universitaires et partenaires économiques – qui réfléchissent ensemble, participent à des travaux de recherche, produisent et diffusent des contenus pour penser collectivement l'habitat sur l'Axe Seine.

Les travaux du 139 sont publics et tout le monde peut y participer, y accéder et s'en inspirer. Ils nourrissent aussi directement, bien entendu, les décisions, les actions et les projets de Logeo Seine. Cette approche du « **penser-faire** » permet d'innover en s'appuyant sur l'intelligence collective et en testant des idées avant de les déployer à grande échelle. En miroir, Logeo Seine travaille à livre ouvert et partage le résultat de ses projets : bilans, outils et contenus développés...

Ce livre, publié en collaboration avec Bond Society, explore une facette importante des interactions entre habitat et travail, un thème central des réflexions du 139 et des actions de Logeo Seine, et constitue une nouvelle illustration concrète de notre démarche.

Nous espérons que sa lecture vous inspirera et donnera matière à réflexion. /

MATHIAS LEVY-NOGUÈRES
Directeur général de Logeo Seine

SOMMAIRE

AVANT-PROPOS **p. 4**

INTRODUCTION **p. 8**

ENTRETIEN AVEC **FRANCES HOLLISS** **p. 10**

N°1
LE TRAVAIL ENTRE DANS LE LOGEMENT **p. 24**

Le bureau-cloison
Atelier Transition Interior Design p. 26

La pièce partagée
ALTA Architectes p. 32

Les pièces à usage libre
Sophie Delhay p. 38

N°2
DES HYBRIDES ARCHITECTURAUX **p. 44**

La maison-atelier revisitée
Jacques Moussafir Architectes
et Nicolas Hugoo Architecture p. 46

Le plateau à reprogrammer
Studio Muoto p. 52

Le bâti réversible
Canal Architecture p. 58

N°3
DES MIXITÉS PRODUCTIVES **p. 64**

La halle productive
SOL Architecture et Urbanisme p. 66

La cour cohabitée
Syvil Architectures p. 72

L'îlot agricole urbain
Grand Huit p. 78

Le parc agricole
Les Marneurs p. 84

CONCEPTS CLÉS **p. 90**

INTRO-DUCTION

Live/Work. Vivre et travailler dans le même lieu. L'idée n'est pas nouvelle. Pendant des siècles, les activités artisanales, agricoles et commerciales ont été exercées au sein même de l'habitation familiale. Ce mode de vie, longtemps dominant, a cependant été progressivement marginalisé par l'industrialisation et l'urbanisation modernes. Le travail est sorti du foyer, créant une frontière nette entre habitat et activité économique, entre sphère privée et sphère professionnelle.

Aujourd'hui, cette frontière s'estompe à nouveau. L'essor du télétravail, accéléré par la crise sanitaire du Covid-19, la montée en puissance de l'autoentrepreneuriat, les préoccupations environnementales et les nouveaux modèles urbains tels que la « ville du quart d'heure » bousculent profondément nos modes de vie et de travail. Traverser la ville deux fois par jour pour aller au bureau ou à l'usine apparaît comme un modèle de moins en moins désirable et soutenable.

L'émergence de nouvelles formes de travail à domicile choisi est une réalité à laquelle nos villes, nos quartiers et nos logements ne sont pas préparés. Cette inadéquation soulève de nombreuses questions, notamment celle de l'accentuation potentielle des inégalités sociales. Certains ménages modestes peuvent en effet rencontrer une double difficulté. Leurs logements sont trop petits pour y exercer une activité professionnelle souvent exigeante en matière d'espace ou d'équipements spécifiques et leur quartier est éloigné du dynamisme économique propre aux centres-villes.

Pour Logeo Seine – filiale du groupe Action logement[1] –, le lien habitat-travail est une dimension identitaire essentielle qui s'incarne dans des réalisations concrètes : une majorité de nos logements abordables sont attribués à des personnes salariées d'entreprises, nous développons un réseau de cafés-coworking de proximité Axès, des immeubles mixtes intégrant bureaux et logements et des colocations pour personnes salariées en mobilité professionnelle. Aussi, lorsqu'en 2019, la Ville du Havre a lancé l'appel à projets « Réinventer Le Havre » et proposé le site d'un ancien complexe cinématographique désaffecté à reprogrammer, en plein centre-ville, c'est assez naturellement que nous avons soumis un projet Live/Work d'habitat abordable. L'ancien cinéma se transformait en voie piétonne animée, bordée par un immeuble d'appartements en duplex : le rez-de-chaussée, ouvert sur le passage, constituait l'espace de travail, couplé au premier étage qui, lui, était consacré à l'habitation.

1 Issu du « 1 % logement », Action logement est un groupe de l'économie sociale dont la mission première est de répondre aux enjeux du lien entre l'emploi et le logement en faveur des personnes salariées.

Après avoir remporté cet appel à projets, nous avons éprouvé le besoin d'approfondir la réflexion, de l'élargir et de nous inspirer d'exemples existants. Nous avons alors mené un travail de recherche, fondé notamment sur de nombreux ouvrages et articles consacrés au sujet du travail à domicile (la quasi-totalité en langue anglaise). Deux constats majeurs se sont rapidement imposés. D'une part, l'adaptation des villes et des bâtiments aux nouvelles pratiques du travail à domicile dépasse la seule question architecturale et constitue un enjeu central pour la ville de demain. D'autre part, les actrices et acteurs de l'habitat abordable ont un rôle clé à jouer dans cette transformation et une responsabilité à assumer pour accompagner ces évolutions.

C'est ainsi que grâce au soutien du fonds d'innovation d'Action logement Alinov, Logeo Seine, à travers le 139[2], a pris l'initiative de poursuivre ces recherches, donnant naissance à l'ouvrage que vous tenez aujourd'hui entre les mains.

Ce livre offre un double regard sur le sujet. La première partie est consacrée à un dialogue avec Frances Holliss, architecte et chercheuse britannique de renom, auteure de l'ouvrage de référence *Beyond Live/Work*. Elle apporte un éclairage précieux sur les dimensions historiques et sociologiques du travail à domicile. La seconde partie, réalisée en coproduction avec l'agence d'architecture Bond Society, présente dix projets inspirants de lieux hybrides consacrés à l'habitat et au travail, à différentes échelles, démontrant la diversité et l'inventivité des réponses possibles.

Aujourd'hui, on le sent bien, offrir un toit ne suffit plus : il s'agit désormais de repenser l'expérience globale d'habiter pour accompagner harmonieusement la vie personnelle et professionnelle dans les villes. C'est l'« habitat augmenté », une vision qui dépasse la notion classique de logement en intégrant pleinement tout ce qui constitue l'environnement de vie : espaces adaptés, services de proximité, équipements mutualisés.

Cet ouvrage est une contribution à une réflexion collective majeure : repenser les espaces de vie et de travail pour mieux répondre aux nouvelles réalités urbaines. Alors que les pratiques de Live/Work évoluent rapidement et bien au-delà du télétravail, notre souhait est que ce livre inspire et accompagne les différentes parties prenantes – architectes, urbanistes, élues et élus, membres des professions du logement, habitantes et habitants – en ouvrant des pistes nouvelles et en stimulant les échanges et les expérimentations nécessaires pour imaginer l'habitat de demain. /

JÉRÔME JACQ
Directeur Stratégie et Offres, Logeo Seine

2 Porté par Logeo Seine, le 139 est un espace d'échanges, d'étude et d'expérimentation destiné à penser collectivement le futur de l'habitat sur l'Axe Seine.

ENTRETIEN AVEC

FRANCES HOLLISS

Entretien réalisé le 11 février 2024 avec Jérôme Jacq.
Traduit de l'anglais par Marie Brière.

Frances Holliss est une architecte britannique, docteure en architecture et professeure à la London Metropolitan University. Depuis 2001, elle consacre ses recherches à l'architecture liée au travail à domicile, un sujet sur lequel elle a publié de nombreux ouvrages et articles, et pour lequel elle est sollicitée internationalement en tant que conférencière. Son livre *Beyond Live/Work: The Architecture of Home-Based Work*, publié en 2015, est une référence majeure dans ce domaine. En 2020, elle a cofondé le Workhome Project, une organisation à but non lucratif visant à promouvoir une conception architecturale adaptée au travail à domicile, influençant ainsi les politiques publiques et invitant les communautés à adopter des environnements de travail plus flexibles et résilients.

Pouvez-vous nous parler de votre travail et de ce qui vous a conduite à vous intéresser au Live/Work ?

Je suis architecte diplômée, mais je travaille dans le milieu universitaire depuis trente ans, autour du sujet de l'articulation entre l'habitat et le travail.

Lorsque j'étais étudiante en architecture, avec quelques camarades de promotion, j'ai squatté un bâtiment situé à proximité de notre université. C'était un magasin de chaussures possédant un appartement à l'étage. Ensuite, mon compagnon et moi avons déménagé à la campagne, en Angleterre, où nous avons acheté une vieille forge qui était en fait un grand atelier avec une petite maison attenante. Plus tard, nous nous sommes installés dans une maison mitoyenne à Cambridge, dotée d'un mystérieux passage menant tout droit à un petit bâtiment industriel situé à l'arrière. Tous les endroits où j'ai vécu ont ainsi été un mélange entre une habitation et un lieu de travail.

Pour moi, vivre avec un atelier ou un studio attenant à la maison est devenu une conception architecturale tout à fait banale.

Il y a un peu plus de vingt ans, j'ai commencé à diriger la première année universitaire d'architecture à la London Metropolitan University. J'ai décidé de proposer à mes élèves, comme projet principal de l'année, la conception d'un bâtiment combinant habitation et lieu de travail. Lorsque je me suis rendue à la bibliothèque du Royal Institute of British Architects pour préparer ma leçon introductive, je m'attendais à trouver une étagère entière de livres sur le sujet. J'ai découvert avec stupéfaction qu'il n'y en avait strictement aucun. Ce fut un choc et un véritable tournant dans ma carrière.

Afin de préparer mon cours, j'ai dû passer une semaine intense à faire mes propres recherches sur ces bâtiments, à les examiner, à les classer et à les analyser pour présenter les plus intéressants. Sans le savoir, j'ai redécouvert un type de constructions qui existait depuis des centaines, voire des milliers d'années, dans tous les pays, dans toutes les cultures. Aussi étrange que cela puisse paraître, ce sujet n'avait pas été exploré auparavant. J'ai eu l'impression d'avoir trouvé une faille dans les connaissances architecturales.

Qu'avez-vous fait ensuite ?

Il m'a fallu un an pour me décider avant de me lancer dans un projet de plus grande envergure. Une fois la décision prise, j'ai rédigé un synopsis en vue de publier un livre, mais les doutes quant à ma capacité à écrire et la peur de ne pas réussir à rendre justice au sujet m'ont fait reculer.

J'ai donc provisoirement abandonné ce projet et me suis inscrite pour préparer un doctorat sur le même sujet. J'ai demandé à deux de mes collègues de me superviser et j'ai passé quatre années à creuser cette question. Je voulais commencer au Néolithique, mais on m'a conseillé de ne pas remonter plus loin que le Moyen Âge. J'avais également envie d'étendre mes recherches au Japon, mais il m'a été suggéré de m'en tenir à l'Angleterre. Évidemment, les personnes qui me supervisaient avaient raison, même si ce fut difficile d'exclure le Japon, pays important au regard de la question du travail à domicile.

Dans le cadre de mon doctorat, j'ai mené des recherches approfondies pour justifier l'existence de ces constructions hybrides. J'ai retracé leur histoire en Angleterre depuis l'époque médiévale jusqu'à nos jours, afin de comprendre le phénomène du travail à domicile. J'ai étudié en détail la vie et les espaces de travail de soixante-seize personnes en Angleterre, dans des contextes urbains, suburbains et ruraux.

J'ai mené des entretiens semi-structurés et effectué des relevés graphiques et photographiques. Ensuite, j'ai analysé les vies de ces personnes d'un point de vue sociologique et les lieux qu'elles habitaient d'un point de vue architectural.

J'ai essayé d'obtenir un éventail aussi large que possible de bâtiments et de types d'occupation. J'ai voulu balayer l'ensemble du spectre social, au-delà des architectes, photographes et autres artistes à qui renvoie souvent – trop facilement – l'expression « Live/Work ».

Après ce doctorat, j'ai obtenu une importante subvention de recherche – à l'époque, la plus considérable jamais reçue par mon université. J'ai créé un site Web avec une merveilleuse équipe de chercheurs et chercheuses. Nous avons réalisé un livre de modèles architecturaux, créé un guide de design… et j'ai enfin écrit mon livre[1] ! Depuis, j'enseigne, j'écris et je poursuis mes recherches. J'ai produit au fil des années de nombreux essais et articles sur ce sujet qui me passionne. À ma connaissance, à ce jour, aucun n'est traduit en français.

Vous expliquez que la pratique du Live/Work a traversé plusieurs époques, en particulier la révolution industrielle. Pourriez-vous nous en dire un peu plus à ce sujet ?

Avant la révolution industrielle, presque tout le monde travaillait à domicile ou vivait sur son lieu de travail et ce, dans différents types de bâtiments. Bien que j'aie essentiellement étudié ce sujet pour l'Angleterre, ce concept est universel et a toujours existé sous différentes formes en fonction de la classe sociale et de la position économique des individus dans la société. En Angleterre, les familles paysannes habitaient dans des longères avec des espaces individuels qu'elles partageaient avec leurs animaux. Celles qui exerçaient une activité commerciale vivaient dans des maisons qui permettaient de recevoir la clientèle. Les transactions étaient effectuées dans une sorte d'espace commun au rez-de-chaussée. Les riches possédaient des manoirs ou des palais et les dizaines, voire centaines de personnes à leur service vivaient et travaillaient ensemble.

Pendant la révolution industrielle, le tissage se faisait toujours à la maison, qui était équipée de métiers à tisser et d'autres types de machines servant à la fabrication de tissus.

1 *Beyond Live/Work*, Routledge.

À ce propos, vous citez l'exemple des *cottage factories* de Coventry…

En effet. Il est intéressant de noter que l'histoire de la conception spécifique de bâtiments pour les gens qui travaillent chez eux remonte à plusieurs centaines d'années. Coventry est une ville dont, pour des raisons socio-économiques et géographiques, l'activité principale était le tissage, à une époque où c'était l'industrie dominante en Angleterre. Et elle est restée vouée à cette activité bien plus longtemps que beaucoup d'autres, y compris après l'invention du métier à tisser mécanique. C'est là qu'a été inventé un nouveau type de bâtiments extraordinaire appelé « *cottage factory* »[2], qui trouve son origine dans le modèle des maisons de tisserands traditionnelles. En général, ces dernières comportaient un petit espace de vie au rez-de-chaussée. Le premier étage, quant à lui, était plus grand, avec de grandes fenêtres pour maximiser les apports de lumière sur le métier à tisser, avant l'arrivée de l'électricité.

Mais à Coventry, les *cottage factories*, qui rassemblaient des maisons mitoyennes, avaient cette particularité supplémentaire d'être construites avec une source d'énergie partagée. Il s'agissait souvent d'un moteur à vapeur. Un système de transmission mécanique traversait les ateliers adjacents du dernier étage, de sorte qu'on pouvait y brancher son propre métier à tisser. Ces bâtiments permettaient de continuer à travailler à domicile tout en utilisant un outil de production industriel.

Donc l'industrialisation n'a pas totalement éliminé le travail à domicile ?

Le fait que l'apparition des usines ait conduit les gens à quitter leur domicile pour aller y travailler est essentiellement une idée reçue. Beaucoup travaillaient effectivement à l'usine, mais un grand nombre aussi restaient à la maison, car la question des femmes et de la garde des enfants a toujours existé.

Lorsque les usines ont été inventées, les deux parents partaient travailler et, pour les protéger, laissaient leurs enfants enfermés chez eux. Malheureusement, il y a eu de terribles incendies, des enfants ont perdu la vie et l'on s'est rendu compte que quelqu'un devait rester à la maison pour les garder. Ce rôle a généralement été endossé par les femmes. Pourtant, elles ont continué à travailler pour les usines, mais depuis leur domicile. Cette pratique s'est prolongée durant toute la révolution industrielle.

Et pourtant, est née à la fin du XIXe siècle et au début du XXe siècle une désapprobation généralisée du travail à domicile. D'abord, le patronat n'aimait pas cela, car le contrôle exercé sur les travailleuses et travailleurs était réduit. Les syndicats non plus ne l'appréciaient pas, pour deux raisons. Tout d'abord, ils s'inquiétaient pour cette population exploitée non protégée par la réglementation, composée en grande partie de femmes qui travaillaient à la maison. Mais ils craignaient aussi que la main-d'œuvre à domicile ne sape leur campagne en faveur d'un revenu familial masculin : la tradition voulait que ce soit les hommes qui sortent du domicile familial pour aller gagner l'argent du ménage. Les réformistes n'aimaient pas cela non plus, de crainte que le

2 *Cottage factory* pourrait être traduit en français par « maison-usine ».

travail à domicile n'exacerbe les problèmes de surpeuplement et d'insalubrité dans les quartiers pauvres, en particulier dans la partie est de Londres. J'ai passé un été passionnant à parcourir les petits carnets de la première enquête sociologique réalisée à Londres par Charles Booth à la fin du XIXe siècle. Il y notait toutes les activités exercées à domicile. La plupart d'entre elles n'étaient pas particulièrement néfastes, si ce n'est qu'elles accroissaient effectivement la surpopulation et les mauvaises conditions d'hygiène. Enfin, l'opinion publique conservatrice désapprouvait le travail à domicile, considérant que la place de la femme était à la maison pour accomplir des tâches domestiques et non économiques.

Quelles ont été les conséquences de cette désapprobation généralisée ?

Cela a notamment entraîné la démolition des quartiers pauvres de l'Est londonien et la construction de logements sociaux à la place. Ces nouveaux logements étaient spécifiquement conçus pour empêcher le travail à domicile et les contrats de location l'interdisaient d'ailleurs explicitement. Cette pratique a conduit à la création de quartiers et de villes entières où le travail à domicile était interdit.

Une division sexuée du travail s'est alors mise en place, dans laquelle l'homme était chargé de gagner de l'argent au sein du ménage. Ce fut l'invention du concept de femme au foyer, à savoir la personne qui restait à la maison, n'avait pas d'activité économique et s'occupait exclusivement des enfants et des tâches ménagères. Ce système a perduré longtemps, avec bien sûr quelques exceptions.

Aussi, mes recherches montrent que si le travail à domicile a représenté un continuum historique, il est devenu une pratique minoritaire et décriée dans la première moitié du XXe siècle, jusqu'aux années 1960. À cette époque, à New York, des artistes ont commencé à habiter des entrepôts désaffectés et jusqu'alors négligés. Ces personnes ont lancé un nouveau mouvement. L'expression « Live/Work » est alors apparue pour décrire un mode de vie articulant espaces de travail et espaces de vie. Soudain, les appartements sont devenus le type de logements le plus recherché, en opposition aux maisons de banlieue, berceau des femmes au foyer et des hommes obligés de prendre le train tous les jours pour aller travailler.

Le mouvement s'est donc à nouveau inversé et dans les années 1960, 1970, 1980 et 1990, le travail à domicile est redevenu une pratique relativement répandue.

Enfin, avec le covid, une vraie révolution s'est produite dans le monde du travail. Soudain, les gouvernements du monde entier ont décidé que les gens allaient devoir travailler de chez eux…

Dans votre ouvrage, vous classez les personnes qui travaillent à domicile aujourd'hui en catégories. Pourriez-vous nous les présenter brièvement ?

Il s'agit d'une catégorisation sociologique que je ne considère pas comme exhaustive. J'ai recensé huit catégories dans mon échantillon de soixante-seize personnes avec des exigences différentes en matière de conception, d'espace et d'environnement.

Prenons les exemples du personnel soignant et des artistes, deux des catégories que j'ai identifiées. Mes recherches montrent qu'en général, la majorité des personnes qui travaillent à domicile, dont le personnel soignant, souhaite séparer autant que possible les espaces de travail des espaces d'habitation, tant sur le plan spatial qu'acoustique. Ce n'est pas le cas des artistes qui, pour la plupart, ne font aucune distinction entre les différentes parties de leur vie. Cela ne les dérange pas de tout mélanger. Les artistes peuvent travailler dans leur lit ou dans leur bain et utiliser le reste de leur atelier pour leur vie sociale.

J'ai également identifié plusieurs catégories dans le domaine artisanal. La classe ouvrière, à faibles revenus, qui par exemple réalise des travaux de couture ou répare des voitures, mais aussi des personnes mieux rémunérées, comme les ébénistes.

Parmi les huit catégories, il y a aussi les professions libérales qui accordent beaucoup d'importance à l'apparence et au statut de leur lieu de travail. Elles tiennent à ce que ce dernier soit considéré comme étant parfaitement professionnel et la nature domestique de l'immeuble qu'elles habitent ne doit pas porter atteinte à cette image.

Enfin, j'ai évidemment identifié la catégorie des personnes en télétravail, c'est-à-dire qui travaillent devant un ordinateur.

Les besoins spatiaux et urbains varient donc selon l'activité que l'on exerce. Certaines personnes manipulent de grandes quantités de matériaux, d'autres utilisent des procédés bruyants ou malodorants. Il est d'ailleurs intéressant de constater que celles qui exercent un métier bruyant, malodorant ou dangereux ont malgré tout envie de travailler à domicile. Il s'agit alors de concevoir le bâtiment d'une manière totalement différente pour permettre aux deux éléments de fonctionner ensemble : un espace calme, propre et sûr pour vivre, et un espace bruyant, salissant voire dangereux pour travailler.

On le voit, les exigences en matière de conception sont vraiment importantes et très différentes selon l'activité exercée.

En dehors de la question du type d'activité, y a-t-il d'autres éléments qui structurent les espaces Live/Work ?

En effet, cela ne s'arrête pas là. Le covid m'a fait prendre conscience du rôle prépondérant joué par chaque personnalité : certaines personnes aiment travailler dans une bulle, dans le silence le plus complet, afin de pouvoir se concentrer sur ce qu'elles font ; d'autres ont, au contraire, besoin d'un environnement beaucoup plus social, animé et dynamique.

Cela explique pourquoi on rencontre très couramment des exemples de bâtiments ayant été conçus autour des attentes spécifiques à un seul individu. La Maison à Bordeaux construite par Rem Koolhaas est un grand classique. Son commanditaire était un écrivain à mobilité réduite qui se déplaçait en fauteuil roulant. Son bureau était installé sur une plateforme élévatrice qu'il pouvait faire monter ou descendre à sa guise. Il avait installé des étagères sur la cage d'ascenseur afin de pouvoir accéder à tous ses livres sans quitter son fauteuil. C'est un bel exemple de ce que j'appelle une « maison d'activité professionnelle »[3], conçue sur mesure, en fonction des besoins spécifiques d'une personne en particulier.

Mais comment faire ça quand les bâtiments à concevoir se comptent par dizaines de milliers ou par millions ? Cette question m'a incitée à délaisser le sujet de la conception vouée à des professions spécifiques au profit d'une approche plus globale de la conception, fondée sur l'incertitude.

Qu'entendez-vous par « conception fondée sur l'incertitude » ?

Il s'agit d'une approche globale qui prend en compte quatre variables : l'activité exercée, la structure du foyer, l'espace disponible et la personnalité individuelle.

L'activité exercée, nous l'avons vu, est évidemment prépondérante. Mais la structure du foyer est aussi un élément clé : la plupart des gens ne vivent plus comme autrefois dans une famille nucléaire composée de deux parents et deux enfants. Si vous êtes un artiste célibataire qui fabrique d'énormes objets en acier rouillé, vous aurez des besoins différents de ceux d'une mère de famille qui travaille sur un ordinateur dans un environnement plus domestique. La quantité d'espace disponible modifie également radicalement la façon dont on peut envisager le travail à domicile, ainsi que le degré d'intimité entre le lieu de travail et le lieu de vie. Enfin, la question de la personnalité individuelle que je mentionnais plus haut joue un rôle important. Le logement traditionnel est en effet souvent conçu comme un espace intime et tourné vers l'intérieur – l'idéal victorien d'un espace féminin, sûr et propre. En faire son lieu de travail peut être difficile pour celles et ceux d'entre nous qui ont besoin d'environnements plus dynamiques.

Donc, si nous concevons ces espaces en fonction d'une seule personne, nous négligeons le plus grand nombre. En revanche, si nous essayons d'être le plus universel possible, nous risquons de fabriquer des lieux qui ne conviennent finalement à personne. Comment résoudre ce dilemme ?

Il existe un bâtiment d'habitation abordable intéressant : la Maison pour artistes (*House for Artists*), dans l'est de Londres. J'ai écrit un article dans *Architecture Today* sur ce lieu[4]. Je trouve que c'est l'illustration parfaite du concept de conception fondée sur l'incertitude. La flexibilité et l'adaptabilité y sont intégrées dès la conception. Certaines personnes aiment avoir beaucoup de petites pièces, d'autres veulent que tout soit ouvert… Dans ce bâtiment, les espaces peuvent être très cloisonnés et tamisés ou bien ouverts et lumineux : il est possible d'y supprimer des murs ou d'en créer de nouveaux à volonté.

3 *Workhome*.
4 architecturetoday.co.uk/a-house-for-artists-apparata-barking.

Vous considérez qu'aujourd'hui les villes et leurs bâtiments ne sont pas adaptés au Live/Work. En fait, selon vous, ils ont même été délibérément conçus pour l'empêcher. Comment expliquez-vous cela ?

C'est en effet un problème important. Je pense que cela remonte au début du XXe siècle avec Ebenezer Howard. Lorsqu'il a publié son idée de cité-jardin, ce fut une révolution. Il a tenté de résoudre les problèmes de pauvreté urbaine et rurale en créant un troisième type d'espace qui ne soit ni urbain ni rural. Ce nouvel espace promettait des emplois, de nombreux lieux ouverts et de l'air pur. Sa principale stratégie spatiale consistait à séparer le travail du domicile.

C'était la première fois que l'on procédait de la sorte, en créant un effet de zonage à l'échelle urbaine. Cette idée a été largement adoptée et adaptée et est devenue le cadre de base des stratégies et des règlements d'urbanisme des villes du monde entier. Bien sûr, elle semblait séduisante puisqu'elle réglait le problème de la pauvreté urbaine et rurale de l'époque. Cependant, elle a aussi créé toute une série d'autres problèmes.

Au cours des cent dernières années, nos villes ont été délibérément conçues autour de zones où les gens travaillent, d'autres où ils vivent et de systèmes de transport pour se rendre d'une zone à l'autre deux fois par jour. Et évidemment, cette organisation est devenue de moins en moins pertinente.

Le modèle de la famille nucléaire a cessé d'être dominant. Les mères de famille ne sont plus les seules responsables du foyer et des enfants, les rôles se sont partagés et de plus en plus de gens doivent travailler. Et bien entendu sont venus s'ajouter tous les problèmes liés à la durabilité environnementale, à la saturation des systèmes de transport, aux déserts urbains et résidentiels, etc. La nuit, les quartiers d'affaires des centres-villes sont vides, creux, et le jour, on constate le même problème dans les zones d'habitation.

Il est rétrospectivement intéressant de voir comment fonctionnait la ville médiévale, où les domiciles et les lieux de travail étaient imbriqués dans chaque petit pâté de maisons. Cette organisation a été décrite par Jane Jacobs[5], une brillante urbaniste américaine des années 1960 et 1970 : des immeubles de différentes époques, de différentes tailles, de différentes fonctions, faisant tous partie d'un puzzle dans chaque petit quartier où cohabitent les riches, les personnes démunies, les femmes, les hommes et les enfants, et où l'on peut presque tout faire à pied. C'est ce qui correspond au concept actuel de « ville du quart d'heure » (*fifteen-minute city*, FMC) que tout le monde semble désireux de développer aujourd'hui. À certains égards, c'est un retour vers la ville médiévale.

5 L'ouvrage phare de Jane Jacobs *Déclin et survie des grandes villes américaines*, est disponible en français chez Parenthèses Éditions.

Vous insistez sur le rôle des femmes en tant que travailleuses à domicile et sur la distinction entre le travail qui rapporte de l'argent et celui qui n'en rapporte pas. Plus largement, pensez-vous que le travail à domicile puisse jouer un rôle dans la résolution de questions sociales comme celle de l'égalité hommes-femmes ?

Cela peut être un bon outil, mais nous devons agir avec prudence et ne pas généraliser trop hâtivement. En ce qui concerne les tâches domestiques, la situation évolue dans le bon sens même si les femmes en assument encore la majorité. Le covid a eu un impact positif sur ce point.

Cependant lorsqu'il s'agit de dégager du temps pour aider des membres de la famille (enfants, personnes âgées ou en situation de handicap), ce sont majoritairement les femmes qui le font, car leur salaire est en général inférieur à celui des hommes. La logique économique pousse la personne du foyer dont le salaire est le plus élevé à maximiser son temps de travail rémunéré et à laisser le travail non rémunéré à celle qui gagne le moins.

Mon expérience et mes recherches montrent que les « personnes aidantes », c'est-à-dire les hommes ou les femmes qui doivent en assister d'autres, plébiscitent généralement le travail à domicile. Principalement parce que cela leur permet de mieux contrôler leur vie et de réagir rapidement lorsqu'un problème se produit. Elles peuvent interrompre leur travail, régler le problème en question et reprendre leur tâche plus tard, à leur convenance.

Travailler à domicile constitue donc a priori un élément positif pour les personnes aidantes. Il existe pourtant des contre-exemples. Ainsi, une femme avec qui j'ai discuté pendant le covid m'a confié que le télétravail était un désastre pour elle. Elle vivait avec sa sœur atteinte de troubles mentaux et, privée de la respiration que constituait le fait de sortir de chez elle pour aller au travail, sa situation devenait intenable. Cela nous renvoie aux quatre variables que nous avons évoquées précédemment.

Si nous tentons de généraliser, je pense qu'il est d'abord utile de rappeler qu'il n'est pas souhaitable d'obliger qui que ce soit à travailler à domicile. Ensuite, il apparaît clairement qu'offrir cette possibilité peut améliorer la qualité de vie, réduire la pression du travail et permettre de mieux s'occuper de son entourage, en particulier des personnes dépendantes.

Dans l'avenir, le travail à domicile sera-t-il selon vous générateur d'inégalités sociales ou permettra-t-il au contraire de les combattre ?

En tout cas, le travail à domicile soulève indéniablement un problème de classes sociales. Pour vous qui venez du secteur de l'habitat abordable, il est intéressant de constater que plus on gagne d'argent, plus on vous fait confiance. Si vous travaillez à domicile et que vous touchez un salaire élevé, tout le monde partira du principe que vous faites bien votre travail, que vous avez une bonne organisation, bref, que vous ne passez pas votre journée à vous tourner les pouces. D'ailleurs, toutes les études montrent qu'à domicile, on travaille plus longtemps et avec plus d'implication dans ses tâches que si l'on travaille à l'extérieur. Cependant, lorsque l'on évoque simplement le télétravail, l'idée qu'on ne fait pas grand-chose de sa journée reste un préjugé bien ancré.

Une autre inégalité provient du fait que ce que l'on pourrait appeler la « classe ouvrière travailleuse à domicile » exerce souvent des activités qui nécessitent beaucoup de place. Un espace plus important est nécessaire en raison du caractère manuel

d'une part du travail. De plus ces activités s'exercent souvent dans des conditions plus difficiles – je pense aux problèmes de bruit en particulier – que celles de la classe moyenne, qui ne nécessitent souvent qu'un ordinateur.

Si la conception de lieux pour le travail à domicile peu rémunéré était prise plus au sérieux, je pense que cela pourrait conduire à une véritable transformation sociale.

Dans le cadre de sa politique de services de proximité, Logeo Seine, qui est une Entreprise sociale pour l'habitat, développe des lieux hybrides qui intègrent des espaces de coworking gratuits. Pensez-vous que ces initiatives peuvent jouer un rôle dans le développement du travail à domicile ?

Tout à fait. Le fait que l'accès à ces espaces soit gratuit est un élément essentiel, car cela rejoint l'avantage du travail à domicile qui doit permettre, par nature, de réduire les coûts ou, du moins, de ne pas les augmenter.

Le modèle traditionnel du coworking payant fonctionne à merveille pour les personnes ayant un salaire élevé, mais le reste de la population ne peut tout simplement pas se permettre de payer pour travailler. C'est pourquoi l'initiative que vous décrivez me semble très intéressante et importante, notamment du point de vue de l'intégration sociale.

Cependant, si vous fournissez des espaces dotés d'une connexion Wi-Fi gratuite et de bureaux, vous ne vous adressez qu'à un secteur particulier de l'économie, à savoir le secteur le plus diplômé. Il est également possible de penser d'autres espaces de création, ce qu'on appelle des *makerspaces*. Vous pourriez imaginer, par exemple, un lieu avec des machines à coudre industrielles ou des cuisines professionnelles afin de permettre la création d'activités professionnelles que les gens n'ont pas la place d'exercer chez eux.

L'une des questions soulevées par ce type d'espaces est celle de la garde d'enfants. À ce sujet, j'aimerais mentionner un projet extraordinaire. Tout a commencé avec l'ouverture d'un espace polyvalent à Barking, l'un des quartiers les plus pauvres de Londres. Un ancien magasin a été mis à la disposition de la population locale. Très vite, il s'est transformé en lieu de travail pour les personnes vivant dans de très petits logements sociaux. Une ligne rouge a été tracée au sol pour délimiter l'espace des enfants et celui des adultes, qui se relayaient pour s'occuper d'eux pendant que les autres travaillaient. Cela a notamment permis à des mères de famille célibataires de travailler. Ce projet a connu un succès incroyable et s'est considérablement développé aujourd'hui.

Pour conclure, quels conseils donneriez-vous à quelqu'un qui s'engage dans un projet de conception d'espaces Live/Work ?

Maximiser l'espace, maximiser la lumière, maximiser l'isolation acoustique – un sujet très important et trop souvent négligé car il ne se voit pas –, organiser la flexibilité et l'adaptabilité.

Un point crucial : les designers, architectes et urbanistes ne doivent pas prétendre à l'omniscience. Les architectes modernistes, qui croyaient tout savoir, ont imposé leurs visions et nous savons malheureusement à quel point cela s'est révélé problématique. Il y a vingt ans, je pensais moi-même avoir tout compris à l'architecture. Or, aujourd'hui, je sais que ce n'est le cas de personne.

Il est essentiel de comprendre que ce sont les utilisateurs et utilisatrices qui savent de quelle façon va servir leur espace et comment il faut l'aménager pour répondre à leurs besoins, qui sont souvent radicalement différents d'un ménage à l'autre.

Cela m'amène à parler des travaux de recherche de Kasey Klimes[6], qui a fait une brillante analyse de la manière dont nous concevons les espaces. Il affirme que nous devons passer à un nouveau paradigme donnant le contrôle à la personne qui utilisera l'espace et non plus seulement à celle qui le conçoit. La première n'est alors plus seulement la détentrice de connaissances dont la seconde a besoin, elle doit pouvoir maîtriser une partie du design. C'est d'ailleurs cela qui rend le projet de la Maison pour artistes si remarquable.

Enfin, je conclurai en évoquant une étude que j'ai publiée il y a quelques années, intitulée « Designing for Home-Based Work – Lessons from Two English Villages »[7], qui s'appuie sur l'exemple de deux villages anglais. D'après mes estimations, les personnes qui y vivaient exerçaient quarante-quatre professions à domicile différentes. Un des deux villages était organisé autour de bâtiments spécialement conçus pour le travail à domicile, tandis que l'autre s'était agrandi dans les années 1960 et 1970 avec des maisons très laides dotées de garages. Ce qui m'a frappée, c'est que dans celui aux bâtiments conçus pour le travail à domicile, tous les espaces prévus pour le travail avaient progressivement été annexés et transformés en espaces d'habitation. A contrario, dans le village aux petites maisons laides et aux garages, les activités à domicile avaient foisonné parce qu'un garage est un espace idéal, adaptable à de nombreuses activités. Dans ce village, j'ai vu le directeur général d'une compagnie pétrolière travailler dans un espace très similaire à celui d'une esthéticienne. Mon dernier conseil serait donc de se méfier des solutions trop programmées. /

6 www.kaseyklimes.com.
7 www.researchgate.net/publication/316752468_Designing_for_Home-Based_Work_-_Lessons_from_Two_English_Villages.

Nº1

LE TRAVAIL ENTRE DANS LE LOGEMENT

DE QUELLES MANIÈRES LE LOGEMENT S'ADAPTE-T-IL AUX PRATIQUES DU TRAVAIL À DOMICILE ?

Intéressons-nous en premier lieu à l'échelle la plus petite, celle du logement et de l'aménagement intérieur. Dans les cas qui suivent, la sphère professionnelle s'immisce à l'intérieur de l'espace domestique. Les dispositifs développés s'adressent principalement à des travailleurs et travailleuses à domicile, qui exercent de manière ponctuelle ou pérenne.

LE BUREAU -CLOISON

MOE (maîtrise d'œuvre)
Atelier Transition Interior Design

MOA (maîtrise d'ouvrage) Privée

Surface de plancher 52 m²

Budget 78 000 euros

Construction Transformation et réhabilitation

Statut Livré en 2019

Un dispositif compact conçu pour une personne travaillant en free-lance à domicile : le bureau est dissimulé dans une large cloison filante qui s'ouvre et se ferme grâce à une porte à double battant. Un projet à mi-chemin entre le design et l'architecture d'intérieur.

LE POINT DE DÉPART

Un bureau à la maison, sans avoir l'impression d'habiter au bureau. Exit donc le « salon-bureau » ou la « chambre-bureau », où l'intime et le professionnel ont tendance à trop se superposer.

CONCEPTS CLÉS

Visible/Invisible
Compact/Diffus
Temporaire/Pérenne

FERMÉ

OUVERT

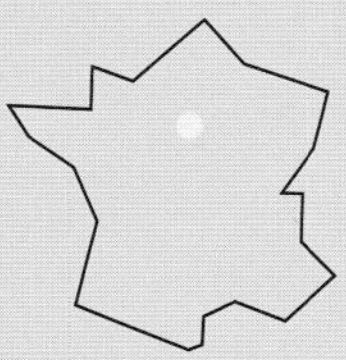

Lieu rue Cécille-Dinant, 92140 Clamart

Milieu Périurbain

LE DÉFI

L'appartement préexistant, dont il faut tenir compte dans ce projet de réhabilitation, est situé dans un petit immeuble collectif aux murs de meulière et de briques. Il ne se prête pas à la création d'une pièce consacrée au bureau, compte tenu tant de ses contours irréguliers que de sa faible superficie. De plus, il s'implante en zone tendue, avec un prix élevé de l'immobilier, de l'ordre de 5 000 à 6 000 euros par mètre carré.

MATIN

APRÈS-MIDI

LE PROJET

Les architectes d'intérieur Margaux Meza et Carla Lopez répondent à la demande du client en la traduisant dans l'espace. Elles optent pour la préservation des structures porteuses tout en retirant les cloisons existantes afin de redéfinir l'agencement des volumes. Cela permet l'installation d'un système de cloison épaisse intégrant un espace de travail. Cette cloison vient s'implanter entre le salon et la chambre, sous la forme d'un placard filant d'une épaisseur de 80 centimètres.

Elle constitue ainsi une multitude de niches de rangements, avec un plateau-bureau, des étagères offrant un espace de rangement et des branchements aux réseaux. Une fois les portes ouvertes, les façades intérieures peuvent devenir des supports d'affichage.

Côté salon, le dispositif se manipule à l'aide de deux portes d'un mètre de large chacune. Côté chambre, un châssis vitré permet d'apporter de l'éclairage naturel.

La surface au sol affectée au travail est un enjeu central en zone tendue : ici, la cloison-bureau ne représente que 4 % de la surface totale. Le dispositif occupe ainsi une position centrale dans le logement, tout en favorisant la déconnexion et en mettant en avant son aspect domestique.

POUR QUEL PUBLIC ?

Ce dispositif de cloison épaisse, qui fait preuve d'une grande compacité, s'adresse plus particulièrement à celles et ceux qui travaillent sur poste informatique (en télétravail ou en tant que free-lances), de manière ponctuelle ou pérenne. Étant donné qu'il ne crée pas d'espace clos, il est limité à des activités qui ne nécessitent pas d'isolement par rapport au reste du logement, principalement pour les personnes se trouvant seules pendant la journée.

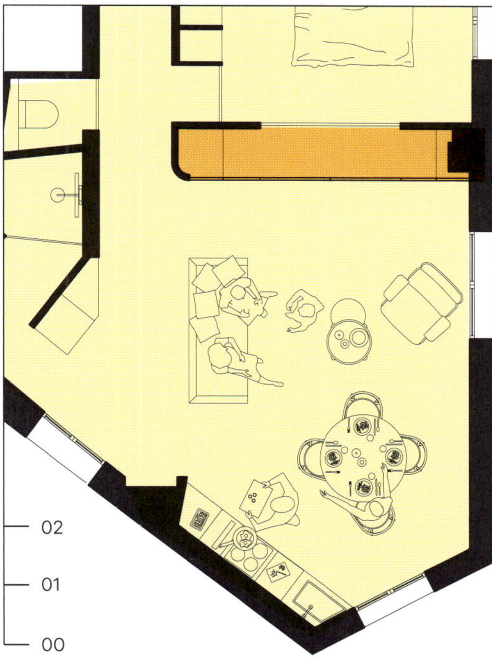

Le déjeuner entre amis **SAMEDI – 12 H 52**

Le truc en plus

La force de ce dispositif léger à manipuler réside dans sa capacité à rendre totalement invisible l'espace de travail, de façon quasi immédiate.

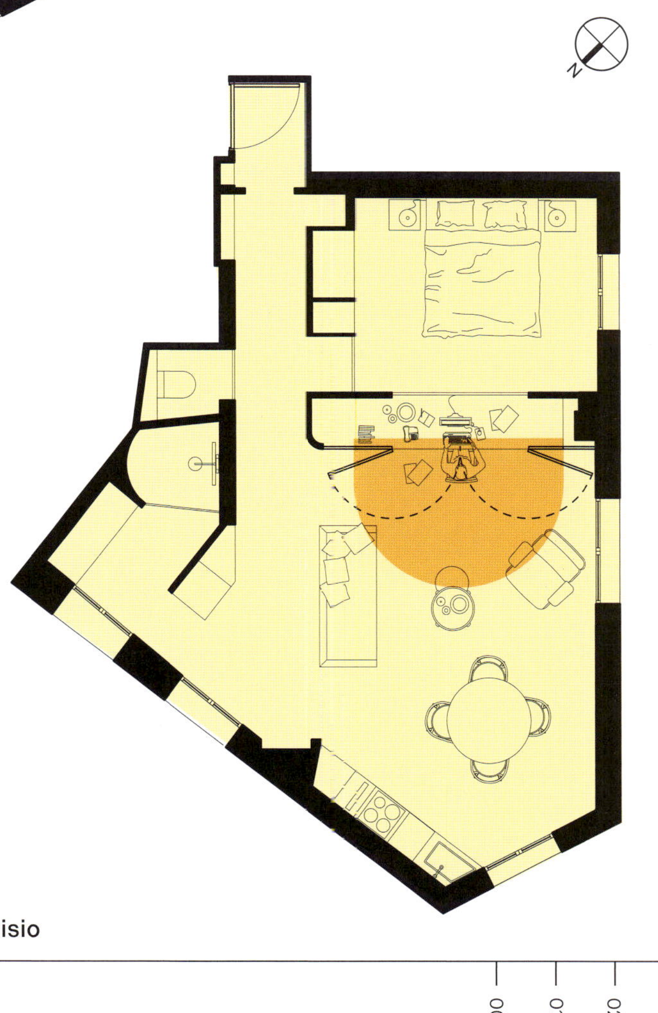

MARDI – 8 H 52 La réunion en visio

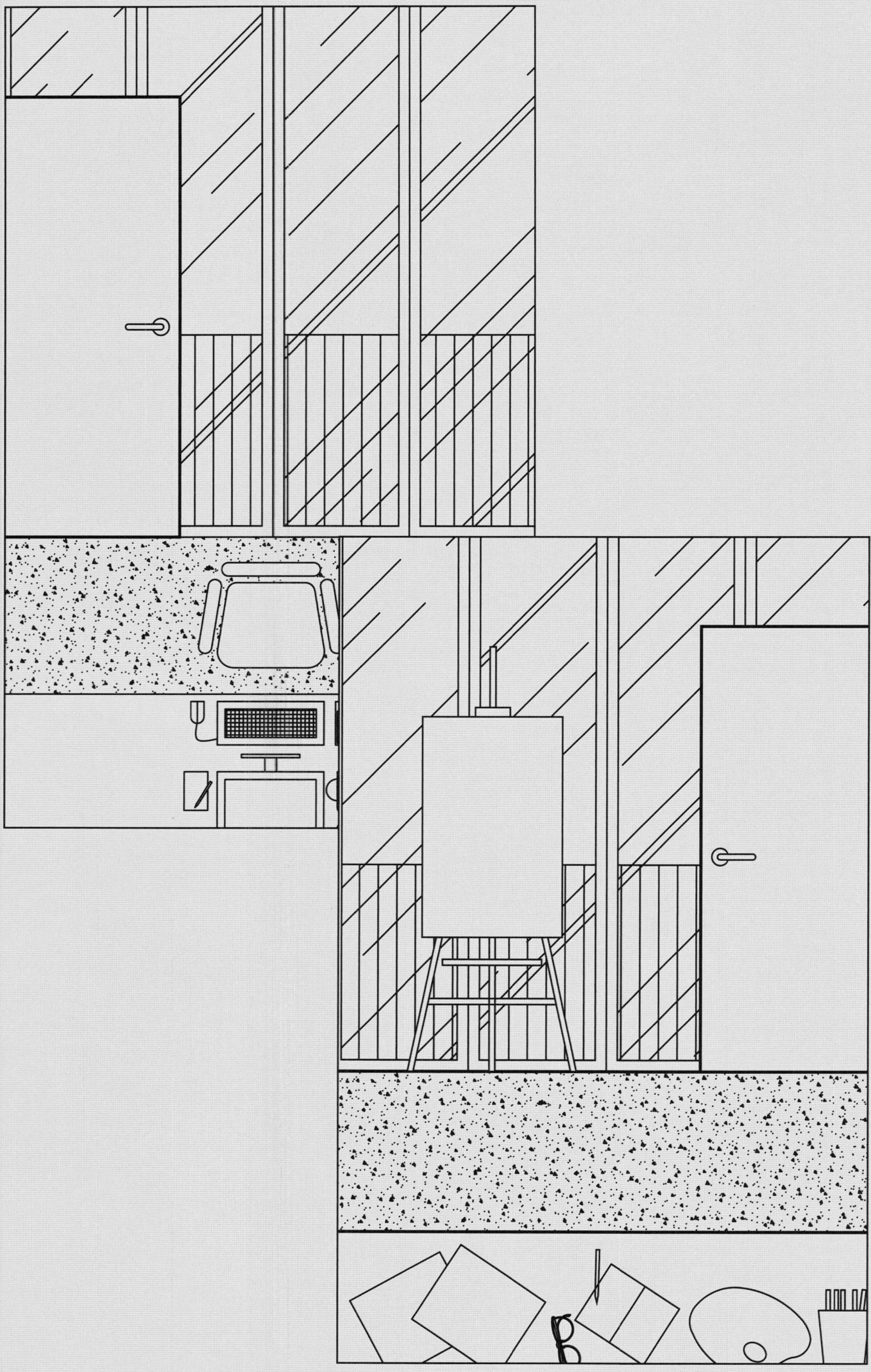

LA PIÈCE PARTAGÉE

MOE ALTA (architectes), Ellipse (urbanistes), J. Osty (paysagiste)

MOA Néotoa

Surface de plancher 8 350 m²

Budget Confidentiel

Construction Neuf

Statut Livré en 2019

Public Cadres, professions intermédiaires

Dans le cadre du projet du Cours des Arts à Rennes, les architectes de l'agence ALTA ont conçu une pièce sans affectation spécifique, partagée entre deux logements. Cet espace offre à la fois des possibilités d'usage variées et des occasions de rencontre entre les locataires. C'est une solution ponctuelle pour accéder à un espace de travail, sans coût additionnel.

CONCEPTS CLÉS

Temporaire/Pérenne
Spécifique/Composite

LE POINT DE DÉPART

Cette expérimentation programmatique portée par le bailleur social Néotoa est issue des travaux de Michele Dominici réalisés au sein de la chaire « Habitat intelligent et innovation » de la Fondation Université de Rennes, dans le cadre d'un travail doctoral portant sur la notion d'« habitat métamorphique ». L'habitat est envisagé au sens large comme un lieu de vie, qui peut se décliner en logement, lieu de travail, de loisirs…

MERCREDI, VENDREDI, SAMEDI

LUNDI, MARDI, JEUDI, DIMANCHE

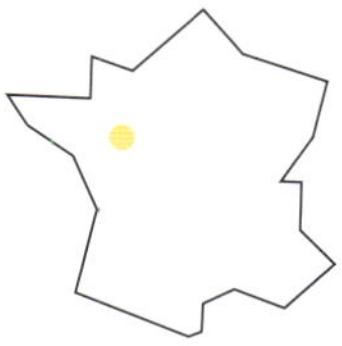

Lieu Le Cours des Arts,
35000 Rennes

Milieu Périurbain

LES CONTRAINTES

Dans la majorité des cas, le télétravail est pratiqué de façon ponctuelle. 34 % des personnes actives sont concernées par le télétravail, mais seulement 11 % le sont à un rythme très fréquent (4 à 5 jours par semaine)[1]. Par déduction, 23 % des personnes actives présentent un besoin ponctuel, de quelques jours par mois, voire jusqu'à 2 ou 3 jours par semaine. Pour une utilisation limitée à quelques heures par semaine, il est difficilement envisageable de financer une pièce supplémentaire consacrée au bureau, surtout dans les grandes villes.

1 Selon une étude intitulée « Pratiques et représentations associées au télétravail en Europe » et publiée par la Fondation Jean Jaurès en janvier 2022.

LE PROJET

Il met en avant la mixité des usages, à travers une initiative particulière qui concerne 8 des 119 logements : la « pièce à la demande », ou « pièce rapportée ». Il s'agit une pièce non affectée à un foyer, mais accessible depuis deux logements qui la partagent – ici un « T2 pour personnes retraitées » et un « T4 familial » –, d'une surface d'une dizaine de mètres carrés, plus un balcon, sans coût supplémentaire pour les locataires. L'évaluation de cet espace par le bailleur social Néotoa fait état d'une multiplicité d'usages, parmi lesquels le travail à domicile.

Le truc en plus

Ce dispositif apporte une valeur ajoutée à l'habitat en offrant la possibilité de renforcer les liens de voisinage, en particulier pour les personnes âgées et celles qui travaillent à domicile, qui sont plus particulièrement confrontées à des risques d'isolement.

La notion de mixité attire particulièrement l'attention, car elle est explorée de diverses manières dans ce projet. D'abord une mixité de modes d'accession au logement, avec du locatif social, de l'accession intermédiaire ou de l'accession libre, le tout étant porteur de mixité sociale : « Des personnes âgées et des jeunes, des riches et des moins riches », résume le sociologue Jean-Louis Violeau.

L'architecture adopte une mixité d'ordre typologique, avec quatre bâtiments principaux de logements qui forment les contours du complexe, et qui s'étagent du R+2 au R+8. On retrouve également une salle commune et des logements-ateliers, en RDC et en R+1, qui s'implantent plus librement au cœur de la parcelle (ouverte au public sur proposition des architectes, tandis que le cahier des charges prévoyait sa fermeture). Ici, le terme de mixité fait écho en matière d'usages : des logements où l'on travaille, des ateliers où l'on habite.

Plutôt que de contraindre le logement en y faisant entrer des usages qui se superposent à ceux existants, la pièce à la demande offre des possibilités supplémentaires, avec une grande capacité d'appropriation.

MERCREDI Une journée de télétravail dans le T4

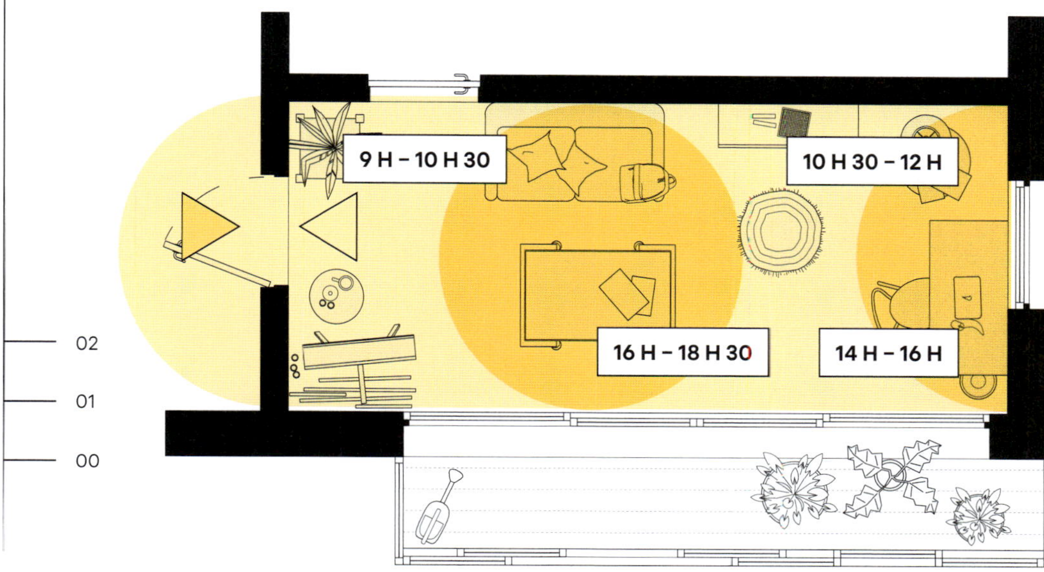

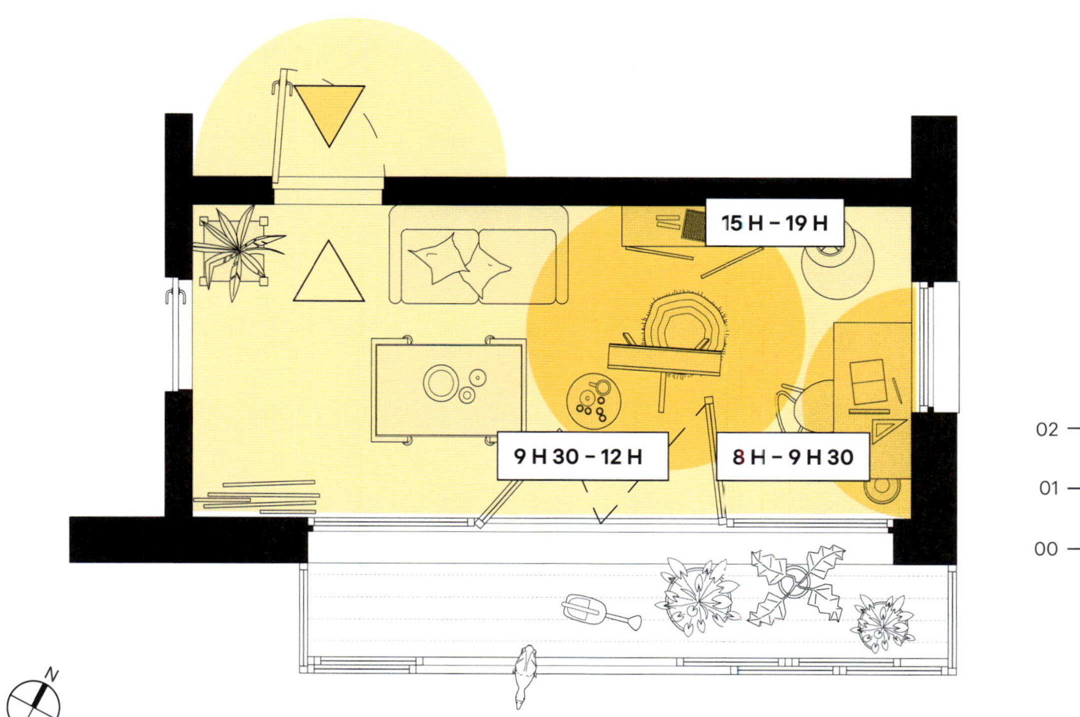

Une journée d'atelier dans le T2 **DIMANCHE**

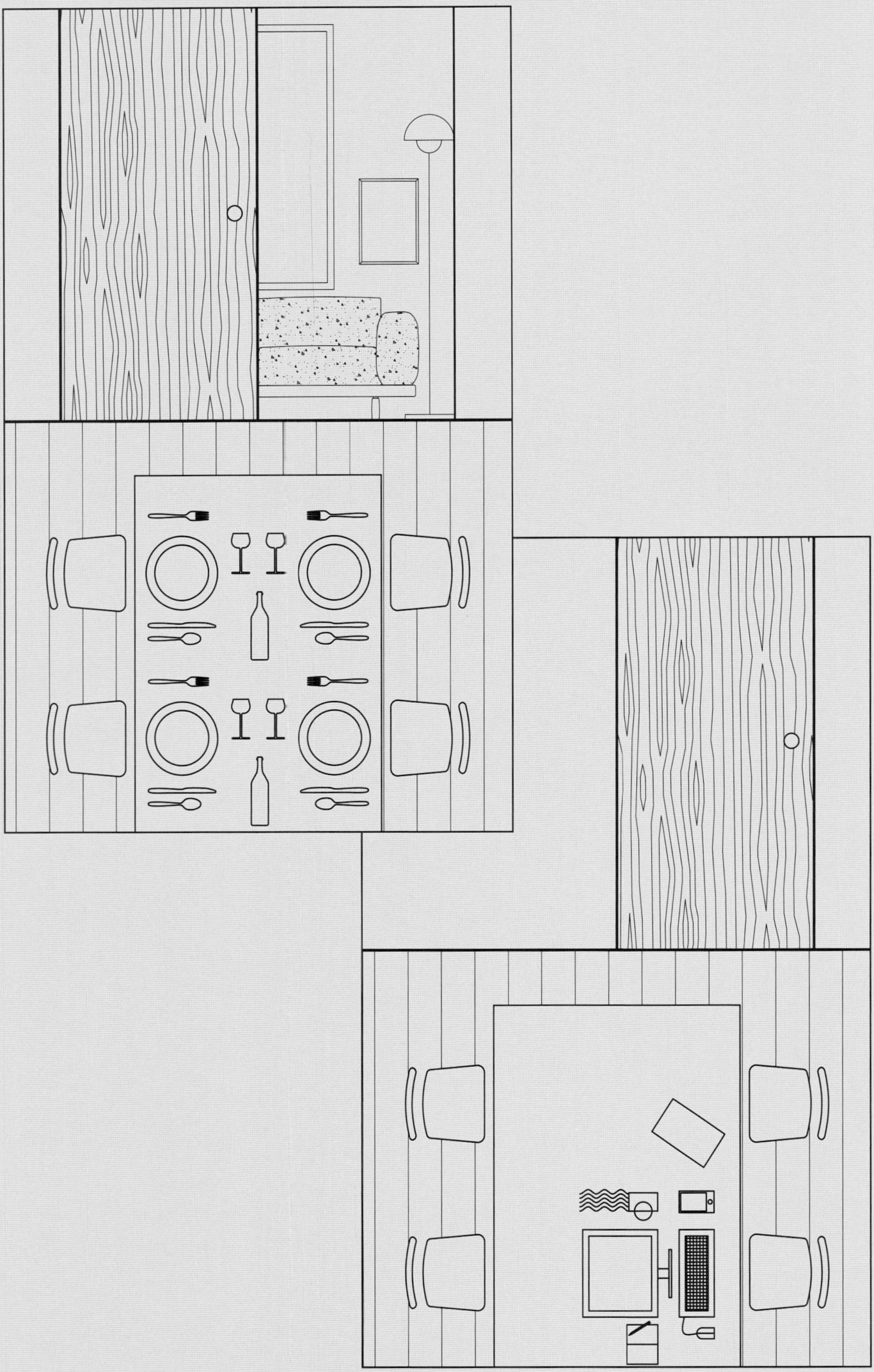

LES PIÈCES À USAGE LIBRE

Projet « Unité(s) »

MOE Sophie Delhay (Architecte), EVP, VPEAS, VERDI, Clara Berthet & JDM Paysagistes, FD Coordination

MOA Grand Dijon Habitat

Surface de plancher 2 803 m²

Budget 4 400 000 euros

Construction Neuf

Statut Livré en 2019

Public Cadres, professions intermédiaires

Dans le cadre des recherches qu'elle mène depuis une vingtaine d'années autour de la « libre appropriation » des logements, Sophie Delhay propose avec ce projet des logements composés de pièces sans affectation préalable. Elle considère que « c'est ce qui caractérise probablement le mieux le plaisir d'habiter ».

LE POINT DE DÉPART

CONCEPTS CLÉS

Compact/Diffus
Temporaire/Pérenne

Il s'agit d'offrir un habitat avec la plus grande flexibilité d'usages possible. L'élément central réside ici dans le refus de l'idée que la surface, la forme ou l'emplacement d'une pièce déterminent son usage. En effet, c'est généralement la position du lit – qu'il soit simple ou double –, accompagné des espaces de circulation réglementaires, qui influence la configuration et les dimensions d'une chambre.

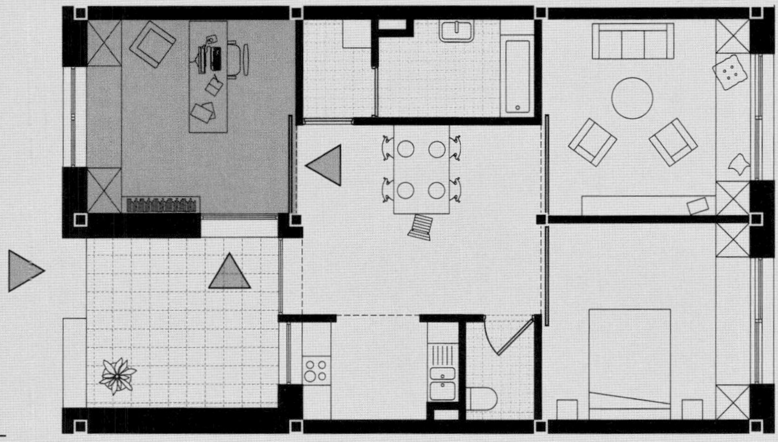

5 PIÈCES ET LOGGIA POUR UN T3

LE BUREAU À DOMICILE

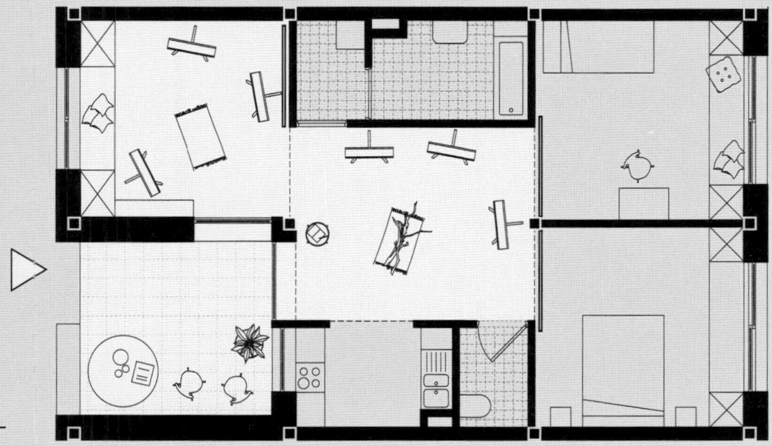

5 PIÈCES ET LOGGIA POUR UN T3

L'ATELIER D'ARTISTE

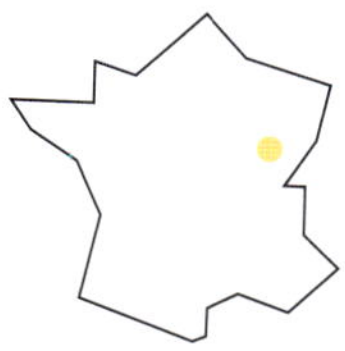

Lieu Écoquartier Via Romana, 21000 Dijon

Milieu Périurbain

LES CONTRAINTES

Le projet « Unité(s) » prend place dans le milieu périurbain de Dijon, à la rencontre de tissus variés : zones pavillonnaire et d'activité, grands ensembles…

LE PROJET

Les logements qui composent l'opération sont pensés comme une « collection de pièces carrées identiques complétées d'une terrasse ou une loggia de même dimension ». Le recours à la pièce carrée engage une approche radicalement différente des pratiques de conception courantes. Le carré est en effet une figure géométrique non orientée, c'est-à-dire que tous ses côtés sont équivalents. De plus, les pièces de même dimension (13 mètres carrés) ne sont pas hiérarchisées, de sorte qu'elles sont équivalentes. Seule la position des pièces d'eau (cuisine et salle de bain-WC, qui occupent deux demi-carrés) est contrainte. Ce sont donc les choix au sein de chaque foyer qui déterminent la destination des pièces, et non des choix de conception préalables. C'est précisément cette non-orientation – et non-hiérarchisation – des pièces qui se prête à une grande variété de scénarios d'aménagement.

Bon à savoir

L'originalité de l'approche typologique a été reconnue par plusieurs prix, notamment lors de l'édition 2019 de l'Équerre d'argent, dans la catégorie « Habitat ».

Sophie Delhay l'illustre en prenant l'exemple du travail à domicile, du coworking ou du coliving. On peut noter qu'il s'agit là de pratiques qui peuvent être ponctuelles ou pérennes, et suivre des besoins changeants.

Il convient de souligner l'importance dans ce dispositif des portes coulissantes, permettant d'isoler instantanément une pièce des autres, ou au contraire de bénéficier de pièces couplées en enfilade avec un passage libre de 1,20 m. En somme, c'est la rigidité géométrique du dispositif qui rend possible la flexibilité des usages.

T2 – 45,5 M²

T2+ – 52 M²

T3 – 65 M²

T4 – 78 M²

T5 – 91 M²

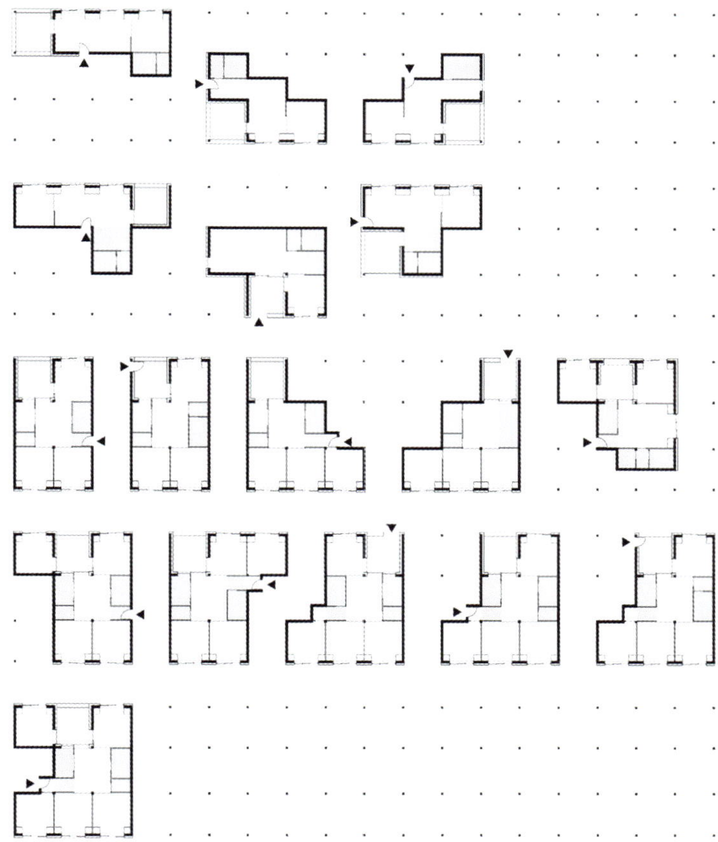

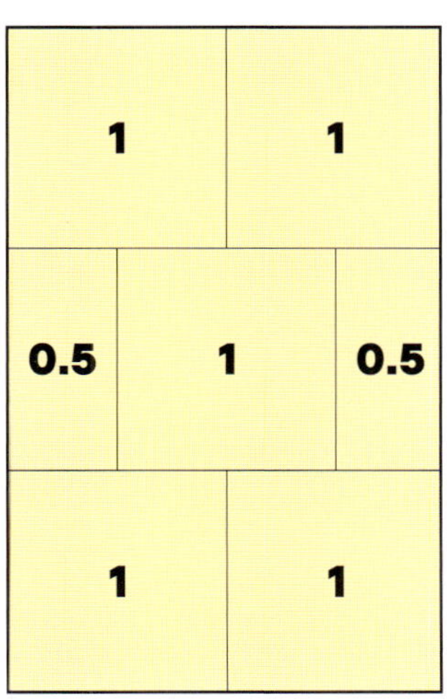

DE LA PIÈCE À L'IMMEUBLE

Le programme comporte 40 logements, du T2 au T5, comprenant 4 pièces de 13 mètres carrés et loggia pour un T2+, 5 pièces et loggia pour un T3, 6 pièces et loggia pour un T4, etc. Au total, ce sont 240 pièces qui constituent l'ensemble dans un volume unitaire, regroupant habitat individuel, intermédiaire et collectif, dans une logique de mixité programmatique définie par les prescriptions urbaines de la ZAC.

Les réflexions dépassent toutefois la sphère stricte du logement : sur les 240 pièces, 10 sont mises en commun sous la forme de terrasses partagées.

Enfin, on peut également noter l'attention portée à l'élément « fenêtre » : une large ouverture à deux battants, pensée comme une alcôve à coloniser à l'intérieur d'une façade épaisse, intégrant les occultations, l'éclairage et des solutions de rangement variées.

Nº 2

DES HYBRIDES ARCHITEC-TURAUX

COMMENT L'ASSOCIATION DE PROGRAMMES DIFFÉRENTS PEUT-ELLE RENOUVELER LES MODÈLES EXISTANTS ?

Intéressons-nous désormais à une échelle intermédiaire, celle de l'architecture et du bâti. Les dispositifs suivants témoignent d'une forte volonté d'hybridation, où lieux de vie et de travail sont rendus interdépendants, tout en anticipant des possibilités d'évolution. Les professions concernées sont variées et touchent tant au domaine de l'artisanat qu'à ceux du commerce ou encore des professions intermédiaires.

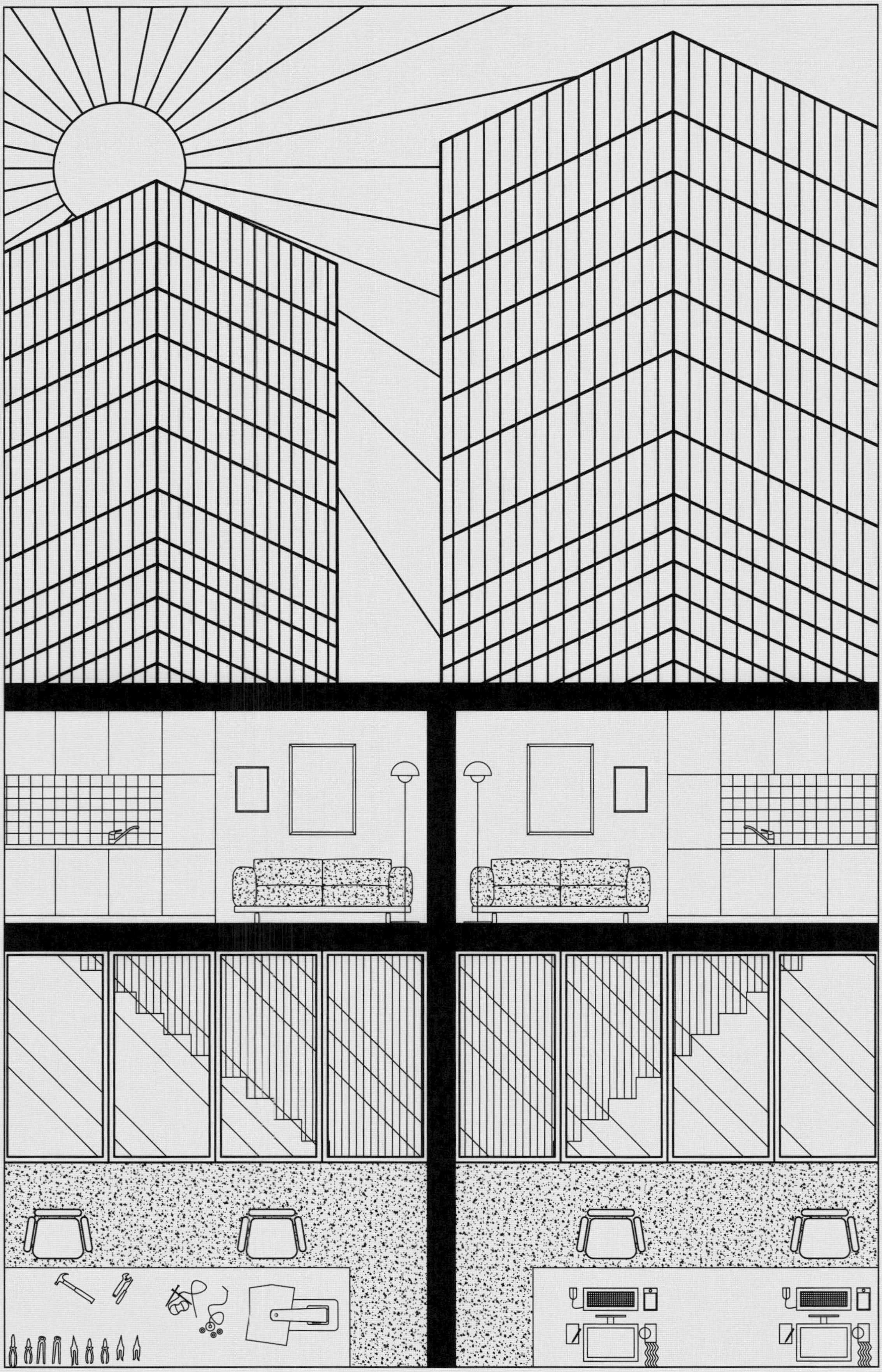

LA MAISON -ATELIER REVISITÉE

Projet « SOHO », lot G

MOE Jacques Moussafir Architectes (mandataire), Nicolas Hugoo Architecture (associé), l'AUC (maîtrise d'œuvre urbaine)

Surface de plancher 1 293 m² (pour un total de 8 947 m² en comptant les deux plots de logements)

Budget 19 500 000 euros HT pour l'ensemble

Construction Neuf

Statut Livré en 2021

Public Cadres, professions intermédiaires, métiers de l'artisanat

Un dispositif accessible où logement et local d'activité sont rendus interdépendants. L'appellation « SOHO » renvoie à l'acronyme de « *small office, home office* » répandu dans le monde anglo-saxon au tournant des années 1990. Une traduction francophone en serait « petit bureau, bureau à domicile ». Si le terme ne fait pas l'objet d'une définition unanimement reconnue, il se réfère dans le cadre du quartier La Chapelle International, dans le 18e arrondissement de Paris, à des assemblages « locaux professionnels-logements ».

LE POINT DE DÉPART

CONCEPTS CLÉS

Autonomie/Synergies
Proximité/Nuisances

Les SOHO de La Chapelle International sont conçus pour répondre à la montée du travail indépendant en intégrant des espaces professionnels aux logements, afin de dynamiser un quartier et encourager la mixité des usages.

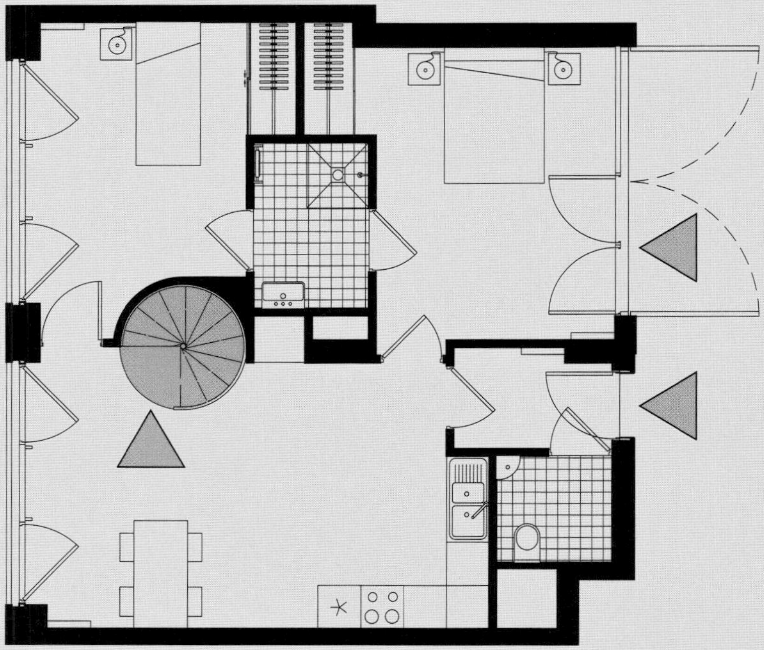

R+1 / LE LOGEMENT

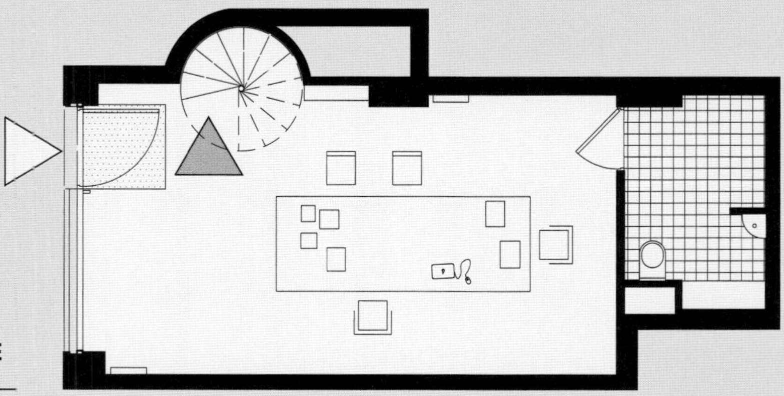

RDC / L'ESPACE D'ACTIVITÉ

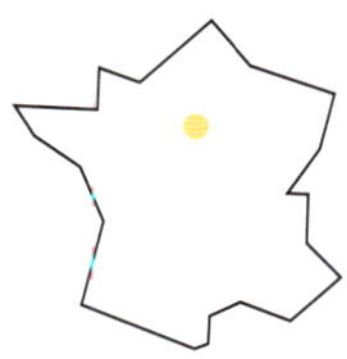

Lieu Quartier
La Chapelle International,
75018 Paris

Milieu Urbain

LES CONTRAINTES

En zone tendue, on peut noter une double difficulté d'accès à un local d'activité et un logement à un prix abordable.

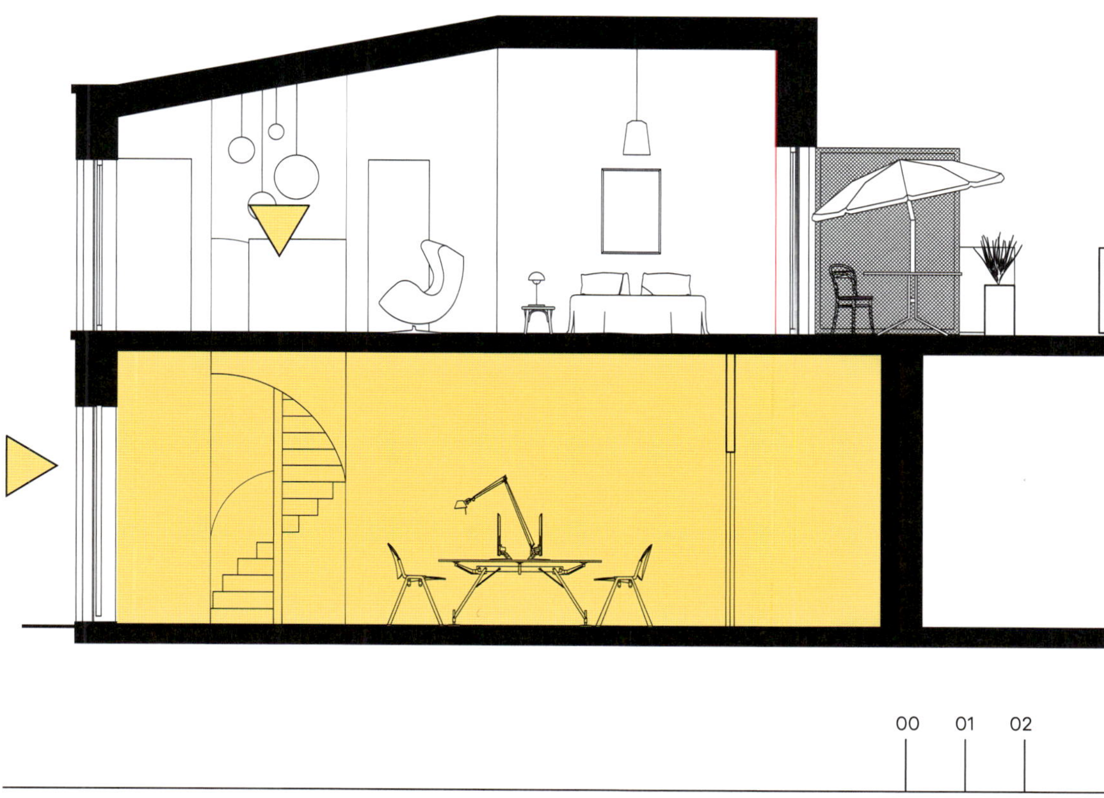

LE PROJET

Les SOHO s'implantent dans différents lots du quartier La Chapelle International, mais les 18 SOHO du lot G conçus par Jacques Moussafir Architectes (mandataires) et Nicolas Hugoo Architectur (associés) retiennent particulièrement l'attention. Ils présentent la particularité de combiner un local d'activité et un logement, superposés en un duplex formant un volume continu et illustrant l'idée d'hybridité.

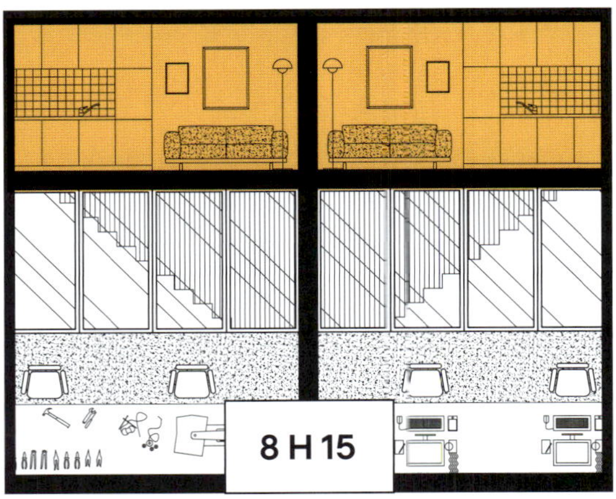

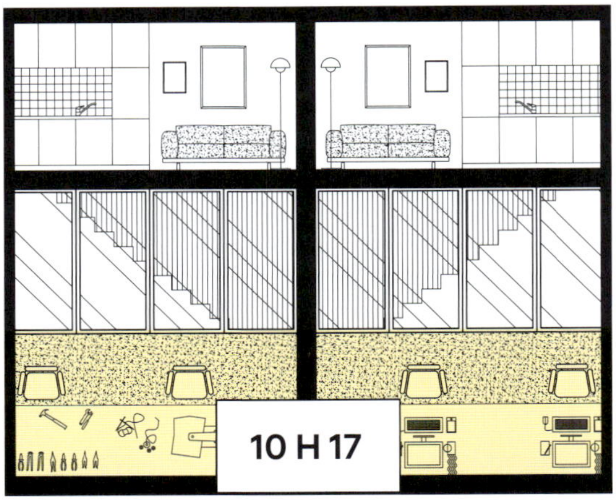

Le truc en plus

La proximité logement-travail est articulée verticalement. Les deux niveaux sont reliés par un escalier en colimaçon, mais ils disposent d'accès indépendants : on trouve une entrée au niveau de l'espace public piétonnisé au rez-de-chaussée pour le local d'activité, et une autre depuis la coursive interne au socle pour le logement à l'étage, ce qui permet de maintenir une distinction claire entre les sphères privée et professionnelle.

Surplombés par des tours de logements, ces assemblages s'implantent dans des socles à un étage, avec majoritairement au rez-de-chaussée des locaux d'activité de petite surface (de 15 à 75 mètres carrés), attachés à des logements allant du T1 au T5 à l'étage.

Cette configuration met en avant le principe d'autonomie permettant de disposer de ses outils de travail à portée de main.

La hauteur sous dalle importante au niveau du rez-de-chaussée, située dans une moyenne de l'ordre de 3,70 m, permet d'accueillir une grande variété d'activités, comme en témoignent les établissements implantés à ce jour dans les SOHO du lotissement : ateliers d'artisanat, magasins de vente, bureaux, salles de jeu, centres d'enseignement…

Les locaux d'activité/logements sont toutefois attribués sur la base de dossiers de candidature instruits par une commission qui veille à prévenir toute forme de nuisance – due à la nature de l'activité professionnelle – dans un contexte de contiguïté.

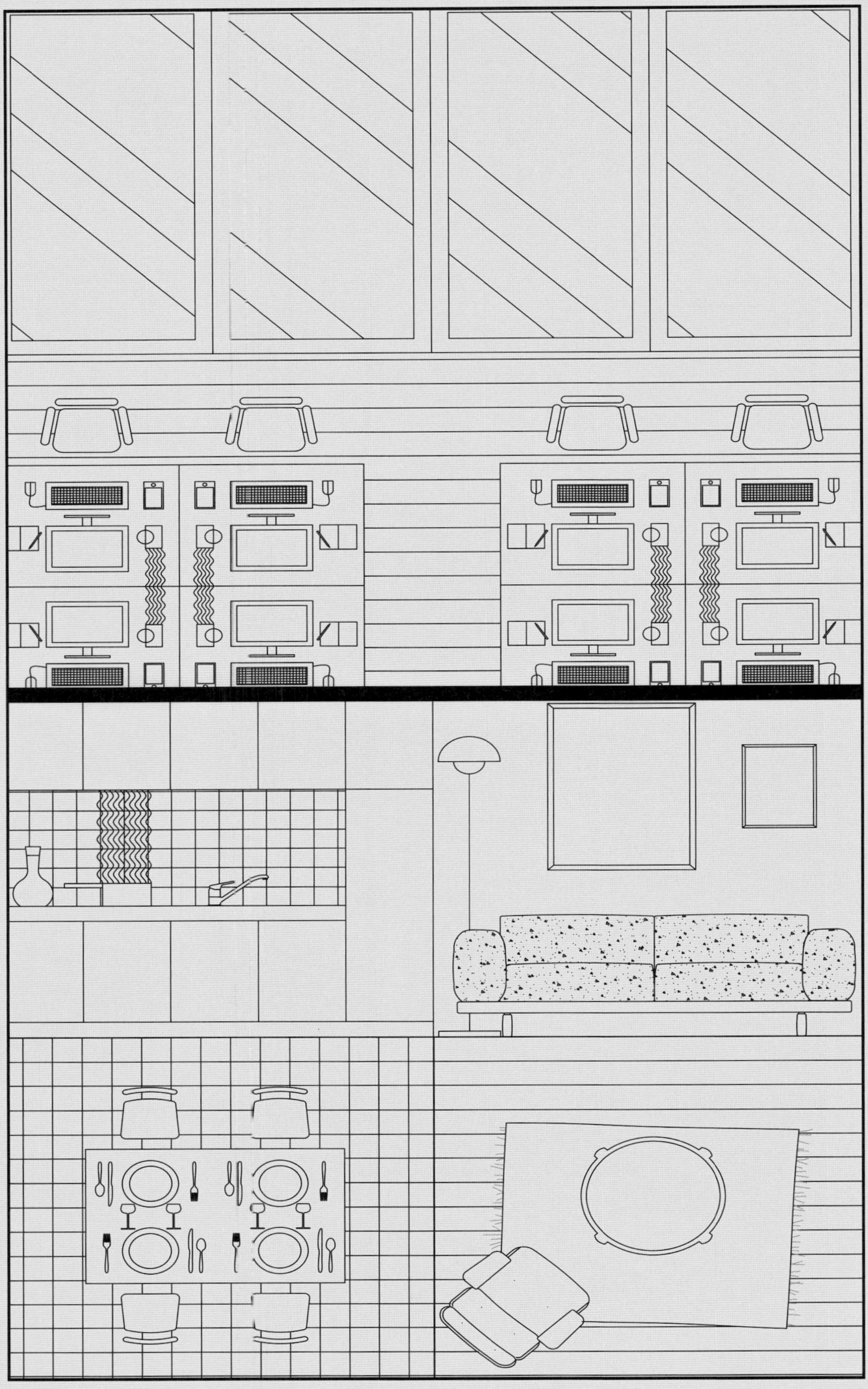

LE PLATEAU À REPROGRAMMER

Projet « Edison »

MOE Studio Muoto

MOA Kaufman & Broad

Surface de plancher 1 989 m²

Budget Confidentiel

Construction Neuf (non réalisé)

Statut Concours rendu en 2015

Public Cadres, professions intermédiaires, métiers de l'artisanat

Une remise en question des approches standardisées et une incitation à s'approprier le logement de manière libre. Le projet « Edison » conçu par Studio Muoto s'inscrit sur un site de l'appel à projets urbains innovants (APUI) « Réinventer Paris » en 2014.

LE POINT DE DÉPART

Le parti pris de conception porte une forte ambition, à savoir réinventer l'habitat collectif, en intégrant l'échelle et les qualités de l'habitat individuel dans une structure dense et flexible. Cette proposition part du constat selon lequel le marché actuel a tendance à élaborer des produits standardisés, avec d'une part l'appartement classique, généralement conçu autour d'une base de T3 avec 2,50 m de hauteur sous plafond, divisé en petites pièces, et d'autre part le plateau de bureaux standard de type plutôt « corporate », en open space ou divisible, avec ses faux plafonds, ses cloisons mobiles, etc. Il s'agit pour ce projet de répondre à des modes de vie émergents selon lesquels la distinction entre travail et vie personnelle n'est pas si claire.

CONCEPTS CLÉS

Spécifique/Composite
Programmé/Déprogrammé
Hybride/Distinct

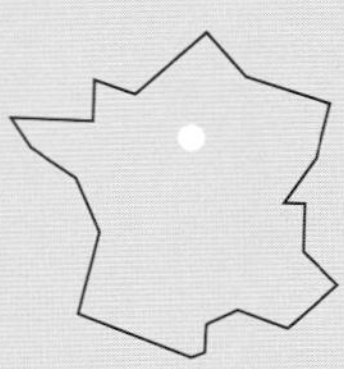

Lieu 69-71, avenue Edison, 75013 Paris

Milieu Urbain

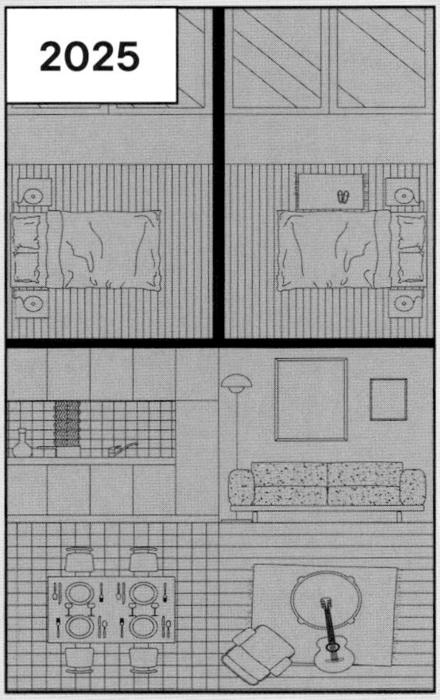

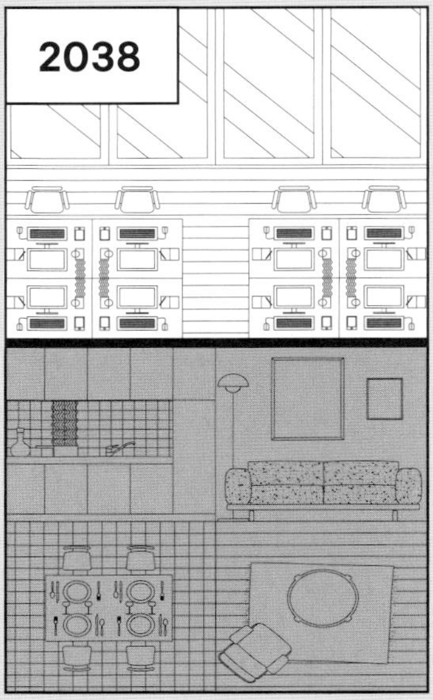

N
02
01
00
PLAN

LE PROJET

Studio Muoto convoque une approche ouverte dans ses usages, avec un système de plateaux à aménager librement : « Chaque logement y est précisément déprogrammé, pour pouvoir être reprogrammé par ses résidents, en lieu de vie ou de travail. »

Le truc en plus

La personnalisation s'étend jusque dans l'architecture, avec une approche de type patchwork où la façade est façonnée par les choix personnels des résidentes et résidents. Le collectif se manifeste ainsi à travers un ensemble de singularités.

La notion centrale est l'appropriation : le dispositif laisse libre cours aux besoins changeants des personnes qui l'occupent, dans un cadre bâti capable d'évoluer de logement en bureau et vice versa. Son intérêt réside dans le fait que tout ou partie du logement peut devenir un lieu de travail.

Le projet redéfinit jusqu'aux standards de l'immeuble – d'habitat collectif ou de bureaux – puisqu'il est ici envisagé comme la superposition de maisons individuelles.

Le traditionnel hall d'entrée et les circulations intérieures étroites sont remplacés par des terrasses généreuses qui permettent de gravir les différents niveaux et de facilement individualiser les accès.

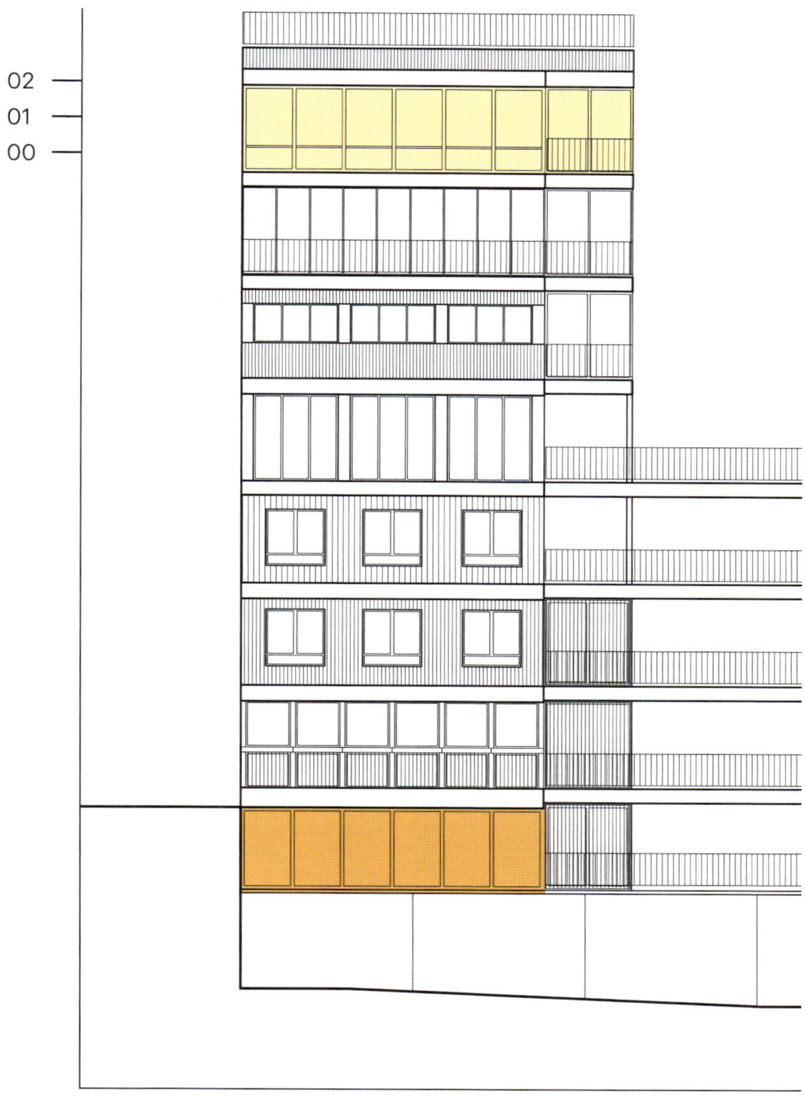
02
01
00

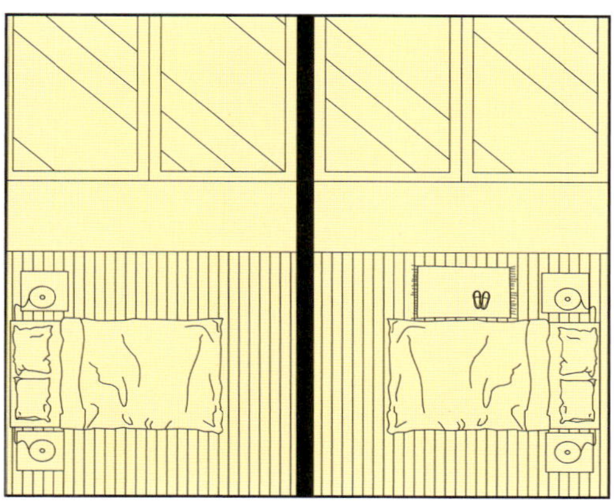

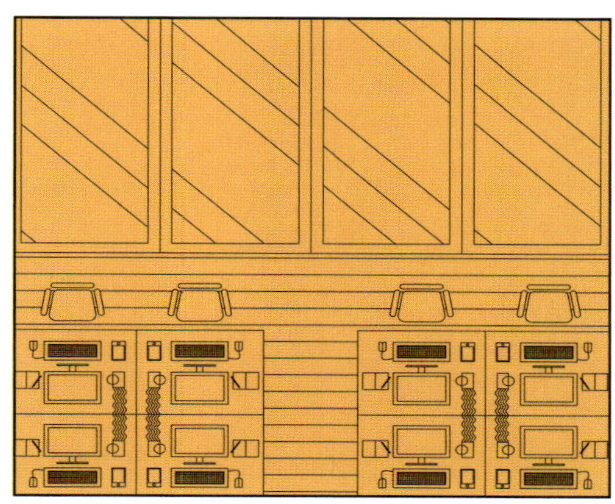

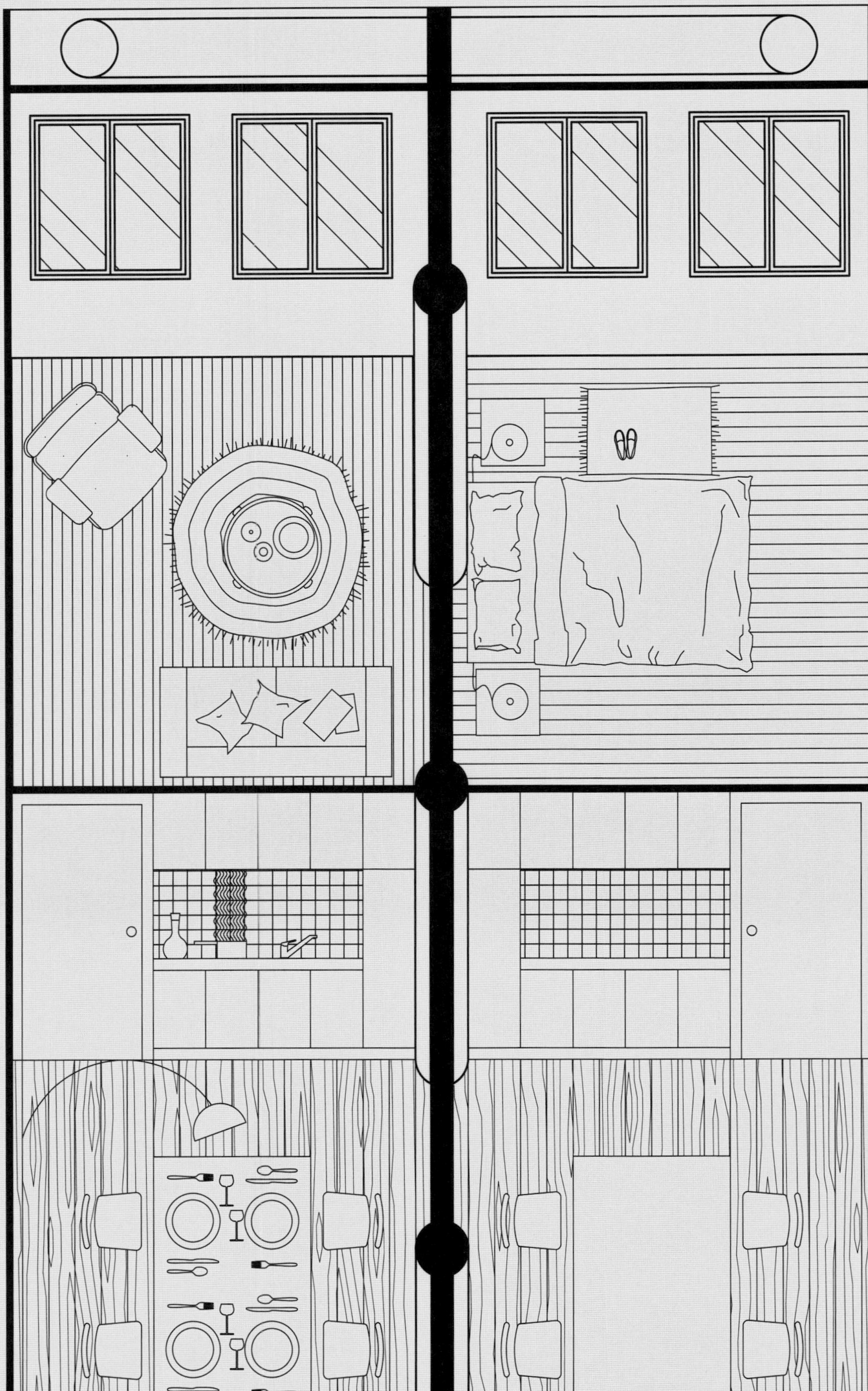

LE BÂTI RÉVERSIBLE

Projet « Tebio »

MOE Canal Architecture, BET Elithis Solutions

MOA SCCV Tour Elithis Bordeaux

Aménageur EPA Bordeaux Euratlantique

Surface de plancher 4 492 m²

Budget Confidentiel

Construction Neuf

Statut Étude en cours

Des stratégies de non-affectation des surfaces en vue de leur réversibilité : logements et/ou bureaux. Pour Patrick Rubin, architecte cofondateur de Canal Architecture, penser réversible, « c'est anticiper l'évolution d'un édifice avant même sa construction ».

LE POINT DE DÉPART

CONCEPTS CLÉS

Spécifique/Composite
Programmé/Déprogrammé
Transformation/Réversibilité

Le projet « Tebio », premier démonstrateur d'immeuble réversible sans affectation, s'inscrit dans un travail au long cours porté par Canal Architecture en faveur d'une architecture réversible. La recherche d'outils visant à la réversibilité est née d'exemples historiques et des multiples retours d'expérience de transformation menés par l'atelier, tels que le 58, rue de Mouzaïa à Paris (transformation d'un immeuble de bureaux en 288 logements sociaux, 2015-2020), pour formuler une démonstration théorique en 2017 avec l'ouvrage *Construire réversible*, autoédité par l'agence.
La réversibilité est mobilisée à la fois comme un facteur d'économies (en matière de coût et de carbone) et une manière de répondre aux besoins changeants de la société.

Nota bene

Entre façade de logements et façade de bureaux, l'aspect extérieur ne laisse pas présager d'affectation particulière.
Le caractère hybride est affirmé : la façade montre un rythme régulier, dans une proportion légèrement en faveur des pleins, avec un pourcentage d'ouvertures de l'ordre de 40 %.

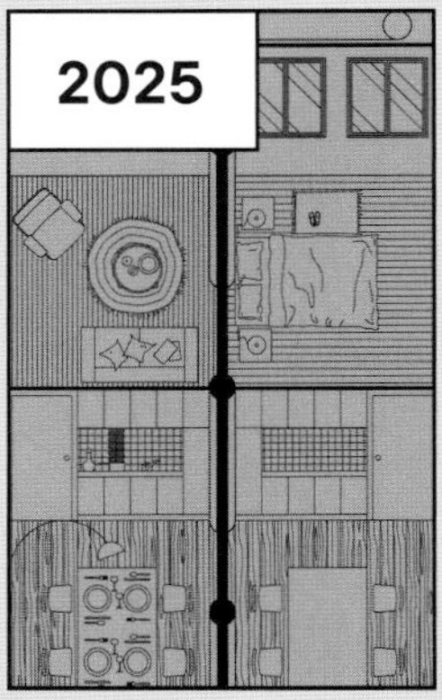

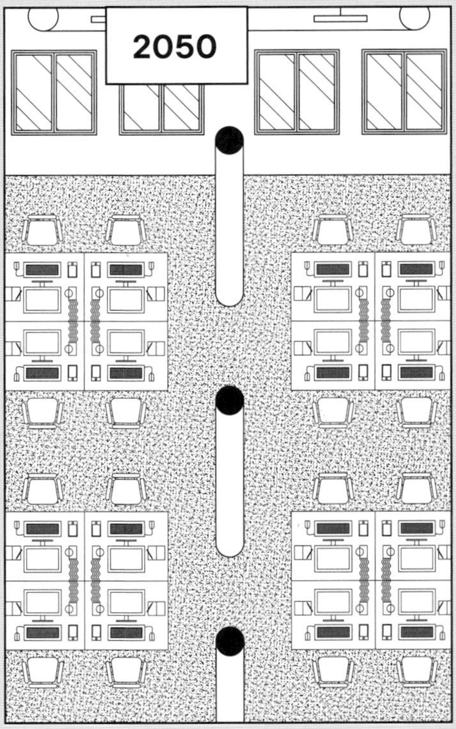

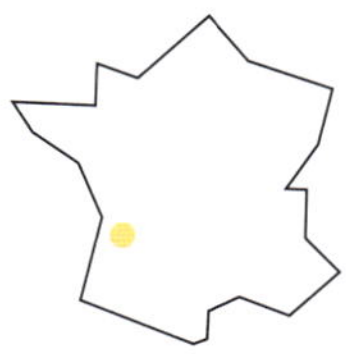

Lieu ZAC Saint-Jean Belcier, quartier de l'Ars, 33800 Bordeaux

Milieu Urbain

7 PRINCIPES FAVORABLES À LA RÉVERSIBILITÉ*

+ Épaisseur du bâti (13 mètres).
+ Hauteur d'étages (2,70 m).
+ Circulations (pontons extérieurs).
+ Procédé constructif (poteaux-dalles).
+ Distribution des réseaux (sans reprise structurelle).
+ Enveloppe (moins de 30 % de composants à modifier).
+ Doubles niveaux (rez-de-chaussée actif et toit habité).

*Énoncés par Canal Architecture dans le cadre de l'ouvrage *Construire réversible*, 2017

« La logique de réversibilité développée ici permet de faciliter la transformation de bureaux en logements, et vice versa, sans nécessiter de permis modificatif. »

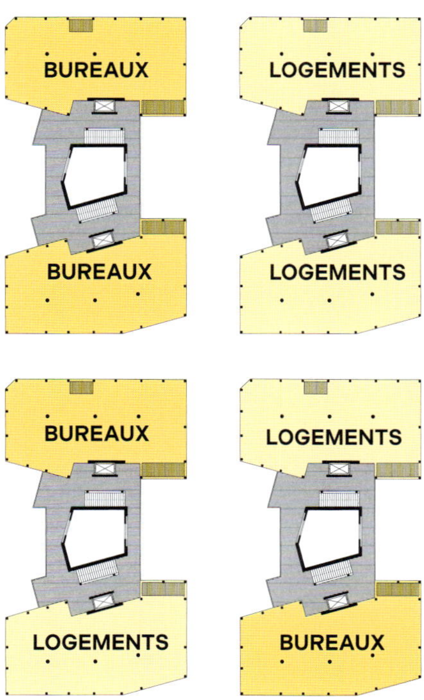

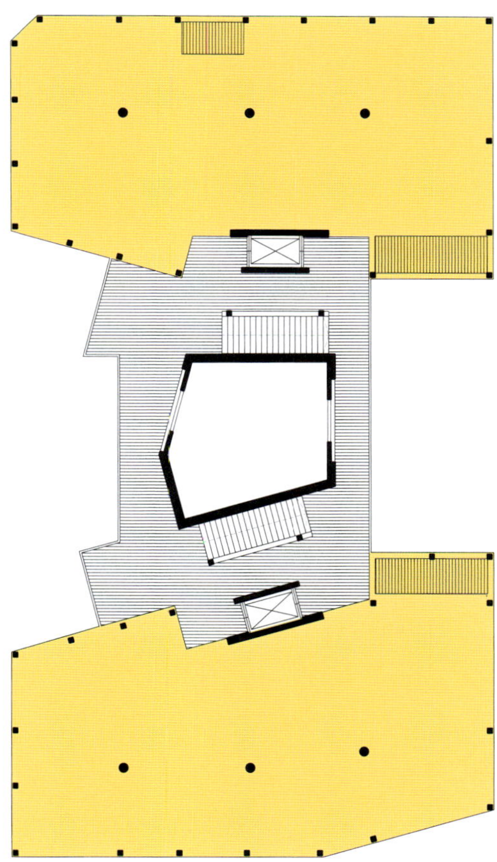

LE PROJET

Tebio prend naissance en 2018, lorsque Canal Architecture est désigné « lauréat innovateur » de l'appel à manifestation d'intérêt dans le cadre du « permis d'innover ».

Ce projet est retenu pour la proposition d'un « permis de construire sans affectation préalable ». Pour Canal Architecture, c'est un terrain d'expérimentation qui permet de mettre en application – et à l'épreuve du terrain – les principes développés dans *Construire réversible*.

L'édifice s'organise en deux plots – respectivement en R+9 et R+8 – réunis par des pontons extérieurs, avec une surface totale de 4 492 mètres carrés réversibles, au sens structurel, technique et juridique.

Le système, qualifié de « plateau neutre avant affectation », se présente sous la forme d'un plan à structure poteaux-dalles. Les poutres sont noyées dans la dalle de façon à faciliter le passage des réseaux dans une configuration de bureaux.

La logique de réversibilité développée ici permet de faciliter la transformation de bureaux en logements, sans nécessiter de permis modificatif. De la même manière, tout ou partie d'un logement peut être transformé en bureau.

Ainsi, le bâti est en mesure d'évoluer sur le temps long, s'adaptant aux besoins changeants de celles et ceux qui en ont l'usage.

2047

Nº 3

DES MIXITÉS PRODUCTIVES

EN QUOI CES MIXITÉS PEUVENT-ELLES PARTICIPER À L'INTENSIFICATION DE LA VIE DE LA CITÉ ?

Le panorama se place ici à une échelle plus large, à l'intersection des domaines de l'architecture et de l'urbanisme. Dans les cas qui suivent, la mixité habitat-travail redonne aux activités de production une place visible dans l'espace public, alors que la tendance était jusqu'alors de les cacher ou de les regrouper loin des centres urbains. Les dispositifs développés concernent singulièrement les domaines de l'artisanat et de l'agriculture.

LA HALLE PRODUCTIVE

Projet « La Halle aux Artisans »

MOE SOL Architecture et Urbanisme

MOA Soliha, Ville de Nozay

Surface de plancher 925 m²

Budget 2 100 000 euros

Construction Transformation

Statut Projet lauréat, étude à l'arrêt

Public Métiers de l'artisanat

Une posture de « désinnovation » qui s'appuie sur ce qui est déjà là. À l'origine, ce projet a été conçu dans le cadre du concours d'idées « Réinventer » rural lancé en 2018, visant à promouvoir de « nouvelles formes d'habitat en milieu rural ». Il combine divers éléments de programme : logements, espaces de travail partagés et privatifs, ainsi qu'un équipement public.

LE POINT DE DÉPART

CONCEPTS CLÉS

Autonomie/Synergies
Invention/Rétro-invention
Transformation/Réversibilité

À l'inverse du cahier des charges, l'agence SOL Architecture prône une approche de « désinnovation » qui met l'accent sur le « déjà-là » afin de faire revivre le principe de logement-atelier. Aux côtés de l'association Soliha, le groupement a remporté l'appel à projets pour le site de l'ex-garage Touloux, construit dans les années 1920.

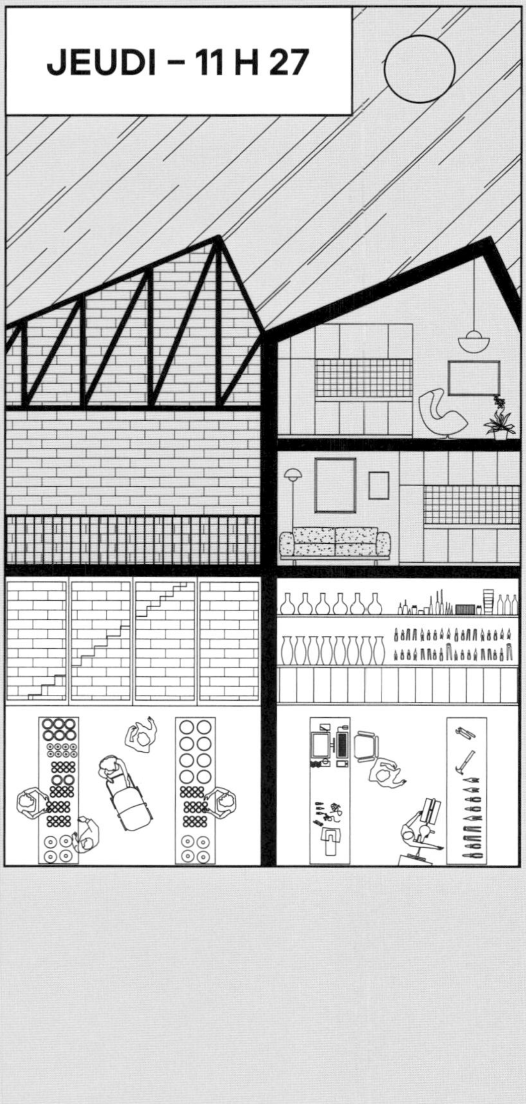

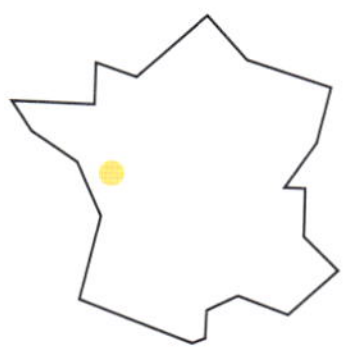

Lieu 5, rue Prosper-Leroux, 44170 Nozay

Milieu Centre-bourg

Le truc en plus

Les locaux d'activité et les logements bénéficient d'accès dissociés, ces derniers étant accessibles depuis la coursive à l'étage de la halle publique. Outre le fait de préserver l'indépendance de chaque foyer, cela permet de rendre l'atelier indépendant du logement, grâce à l'escalier menant de l'un à l'autre qu'il est possible de supprimer pour en refermer la trappe. Dans le cas d'une cessation d'activité, il n'est donc pas nécessaire de déménager, l'atelier pouvant être loué seul.

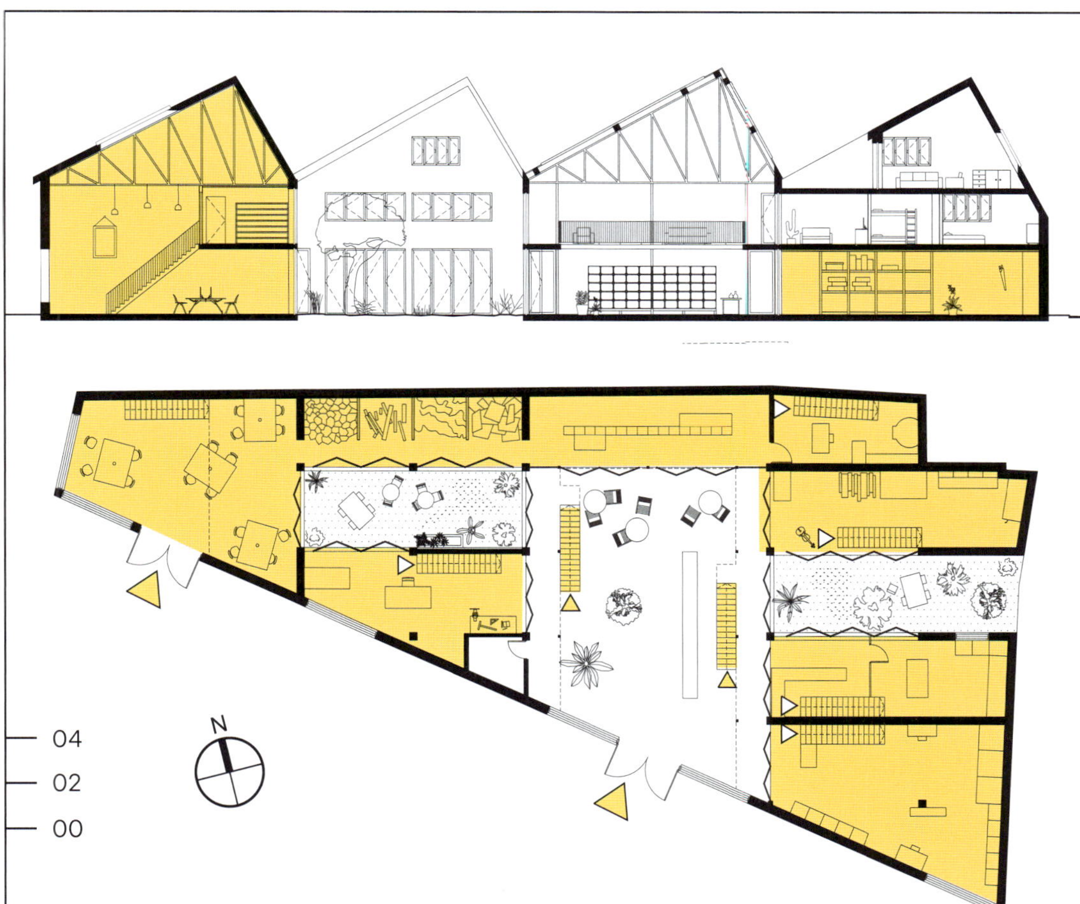

LE PROJET

Il se fonde sur les savoir-faire et les pratiques ancrés dans le territoire. Le bâtiment existant est conservé pour ses qualités intrinsèques (hauteurs importantes, murs en pierre bleue, toiture en « shed », c'est-à-dire une toiture en dents de scie caractéristique de l'architecture industrielle).

La transformation prévoit 5 logements sociaux couplés à des ateliers destinés en priorité aux métiers de l'artisanat, ce qui répond à deux enjeux majeurs : trouver un logement et un local d'activité abordables, habiter à proximité de son lieu de travail. Toutefois, le projet ne se limite pas strictement aux logements-ateliers.

Le programme est également composé d'un atelier partagé et d'une halle publique – dont la gestion serait assurée par la commune – pour l'organisation d'événements variés, dont des marchés de vente directe, ainsi que d'un studio-gîte pouvant accueillir des artistes en résidence.

La posture revendiquée de « désinnovation » consiste à actualiser un type architectural qui a toujours existé, dans lequel les artisanes et artisans habitent au-dessus de leur atelier.

Le fait de s'inscrire dans un projet de réhabilitation reflète cette même démarche, démontrant qu'un bâtiment industriel centenaire peut être préservé et transformé pour s'adapter à des usages contemporains, y compris dans le cadre d'un programme intégrant des logements.

Ce dispositif offre l'avantage de répondre aux différents rythmes des professions en lien avec l'artisanat : une plus grande autonomie avec la proximité logement-atelier, la possibilité de vendre sans intermédiaire au sein de la halle publique, mais aussi la mise en commun d'outils et de savoir-faire grâce au regroupement de plusieurs personnes qualifiées et à la présence de locaux partagés.

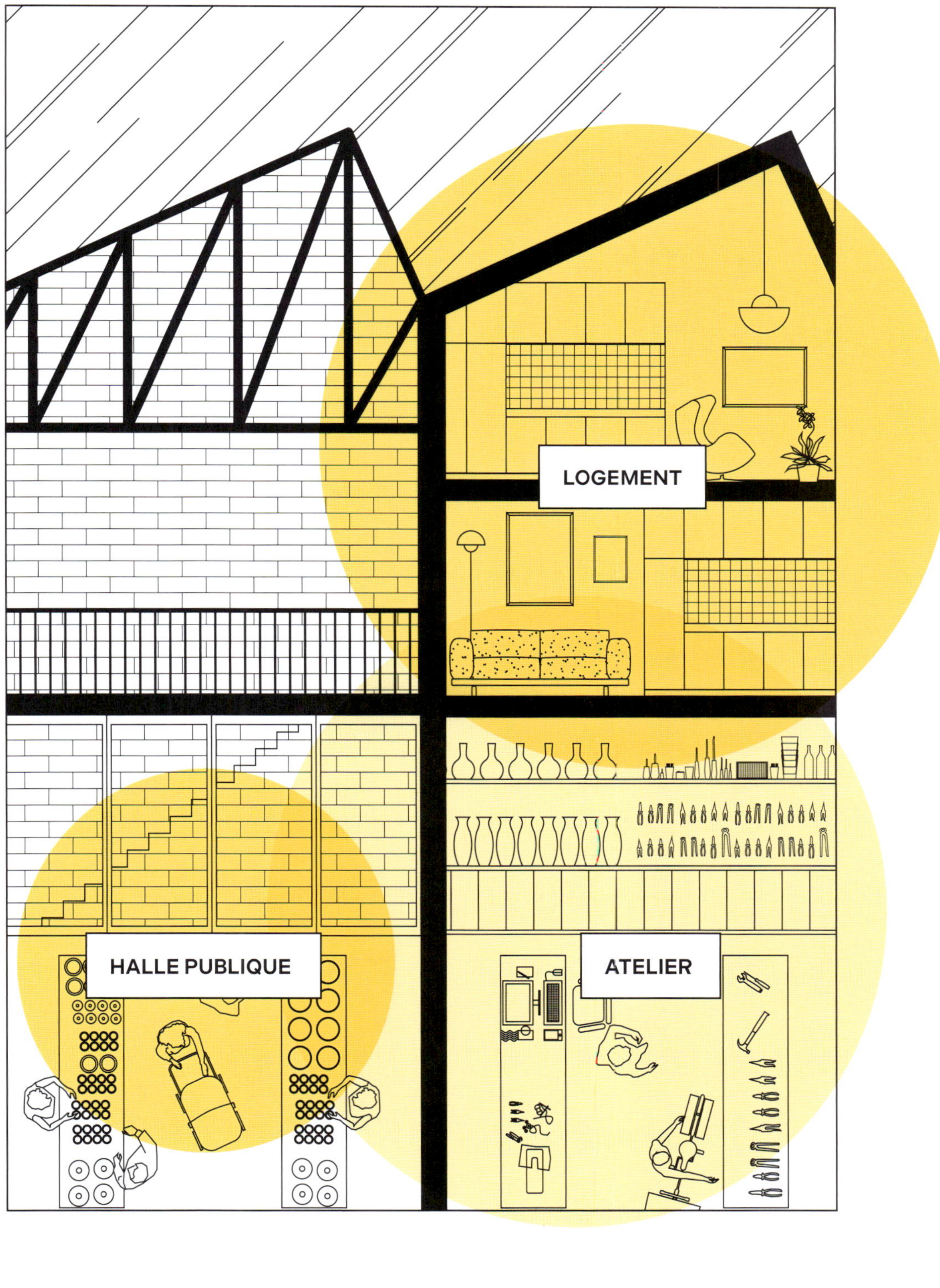
LOGEMENT
HALLE PUBLIQUE
ATELIER

LA COUR COHABITÉE

Projet « L'Industrie Voisine »

MOE Syvil Architectures

MOA Brémond & Lamotte

Surface de plancher 3 440 m²

Budget 4 600 000 euros

Construction Neuf (non réalisé)

Statut Concours 2019

Public Métiers de l'artisanat, professions ouvrières

Une réinterprétation de l'immeuble faubourien et de sa cour aux usages mixtes. L'Industrie Voisine s'inscrit pleinement dans les sujets de travail des architectes et urbanistes de Syvil, qui se définissent comme des « artisans de la ville productive ».

LE POINT DE DÉPART

Ce projet s'inscrit dans une volonté de faire symbiose entre habitat et petite production.

CONCEPTS CLÉS

Visible/Invisible
Invention/Rétro-invention
Proximité/Nuisances

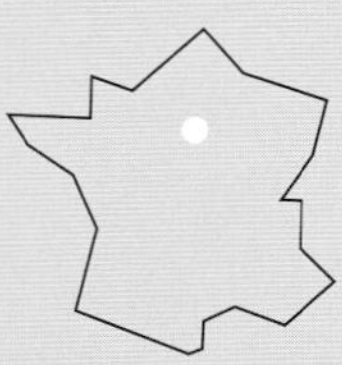

Lieu Terrain ASPP, rue de Candale, 93500 Pantin

Milieu Urbain

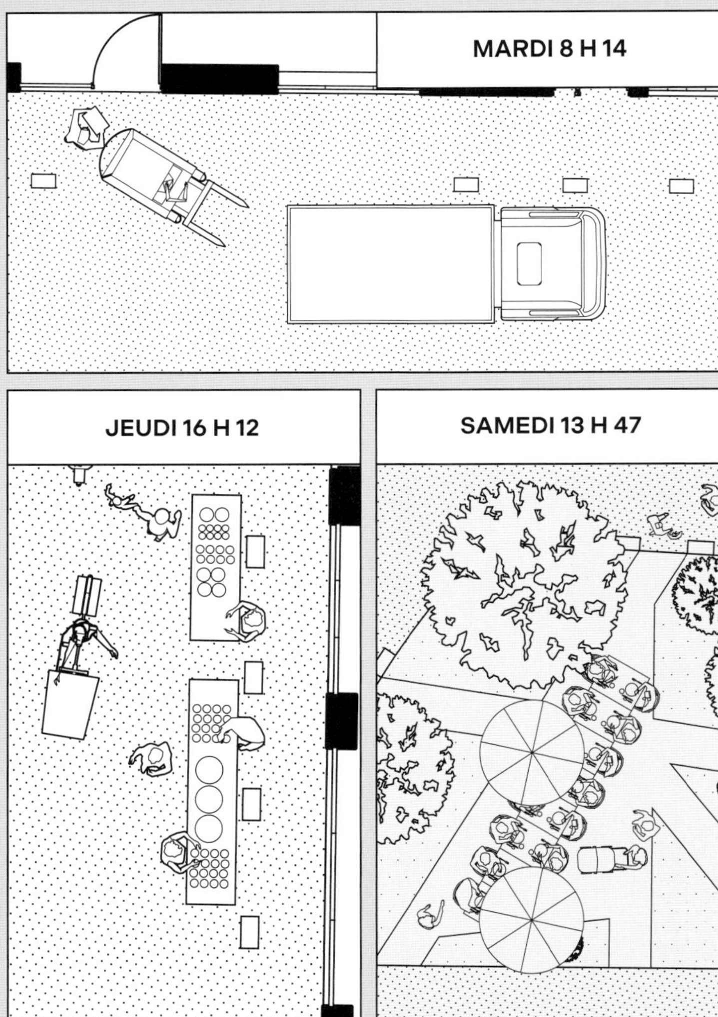

PLAN

LE PROJET

L'articulation entre les différents usages se joue plus particulièrement dans des relations de voisinage au niveau d'une « grande cour ouverte traversante », adoptant un statut mixte entre espace public et espace de travail, habitat et activité.

Le truc en plus

Sans être nostalgique ni littéral, le recours à des briques moulées à la main est une évocation de la cour artisanale faubourienne, tout comme un écho à l'architecture industrielle de Pantin. Il accompagne une lecture de la mixité, puisque deux nuances de couleur permettent de différencier le bâtiment de logements de celui consacré au travail.

Ainsi, le projet propose une réinterprétation de la cour d'immeuble de type faubourg, tout en actualisant ses fonctions et en hybridant l'espace domestique avec celui de la production : « La mixité des programmes au sein d'un même îlot suscite des imprégnations croisées du monde de l'habitat et de celui du travail, des espaces plus riches et diversifiés. » Au-delà de l'aspect architectural, Syvil anticipe la mixité d'usages par des règles et plannings d'utilisation de la cour, amenés à être développés en concertation en fonction des différentes activités concernées (habitation, coworking, commerce alimentaire, café-cantine et métiers de l'artisanat) : « En résumé, l'activité a lieu entre 8 heures et 17 heures en semaine. Le soir et le week-end sont dédiés au loisir et à la vente des produits artisanaux. »

Le premier intérêt du dispositif de cour cohabitée est d'accueillir le public en journée à l'intérieur de l'îlot (via deux entrées), jusqu'aux vitrines des productrices et producteurs, qui peuvent même l'investir en partie pour travailler en extérieur.

Il s'agit ensuite d'intégrer les livraisons mutualisées, pour qu'elles n'encombrent pas l'espace de la rue.

Pour les personnes vivant sur place, la cour est un sol commun qui permet de profiter d'un extérieur généreux pour des activités de loisir, tout en constituant un îlot de fraîcheur végétal.

BON À SAVOIR

Dès lors que l'activité est à petite échelle, son intégration ne pose plus de problème.

DONNER À VOIR OU SOUSTRAIRE AUX REGARDS

L'articulation entre habitat et travail est à la fois fonctionnelle et visuelle. Ce dispositif vise en effet à exposer les activités productives, qui sont souvent reléguées à l'écart dans une approche de séparation fonctionnelle.

Des procédés de « privacité » des activités professionnelles sont cependant mis en place pour préserver l'intimité des logements. On peut remarquer qu'aucun logement ne s'implante en rez-de-chaussée, et que la végétation joue un rôle de masque mettant les halls d'entrée à distance.

L'ÎLOT AGRICOLE URBAIN

Projet « La Ferme du Rail »

MOE Clara Simay (architecte Grand Huit et AMO DD), Link (architecte), Mélanie Drevet (paysagiste), Philippe Peiger (agroécologue urbain), Scoping (BE tous corps d'état), Pouget Consultants (BE ingénierie thermique), Albert & Compagnie (BE développement durable)

MOA Réhabail

Surface de plancher 833 m²

Budget 3 000 000 euros

Construction Neuf

Statut Livré en 2020

Public Métiers de l'agriculture

Un monde en ville réunissant habitat et travail autour de l'agriculture urbaine en bordure d'une voie ferrée inexploitée. Ce projet trouve naissance dans l'appel à projets « Réinventer Paris » 2014, pour le site Ourcq-Jaurès dans le 19e arrondissement de Paris.

LE POINT DE DÉPART

CONCEPTS CLÉS

Autonomie/Synergies
Visible/Invisible
Hybride/Distinct

Le groupement dont Grand Huit est mandataire est désigné pour réhabiliter un terrain en friche qui se situe le long de la Petite Ceinture, ligne ferroviaire encerclant le Paris du XIXe siècle à l'intérieur des boulevards des Maréchaux, au trafic interrompu depuis les années 1990. Le projet livré en 2020 offre un accès sur cette voie aujourd'hui requalifiée en « coulée verte ».

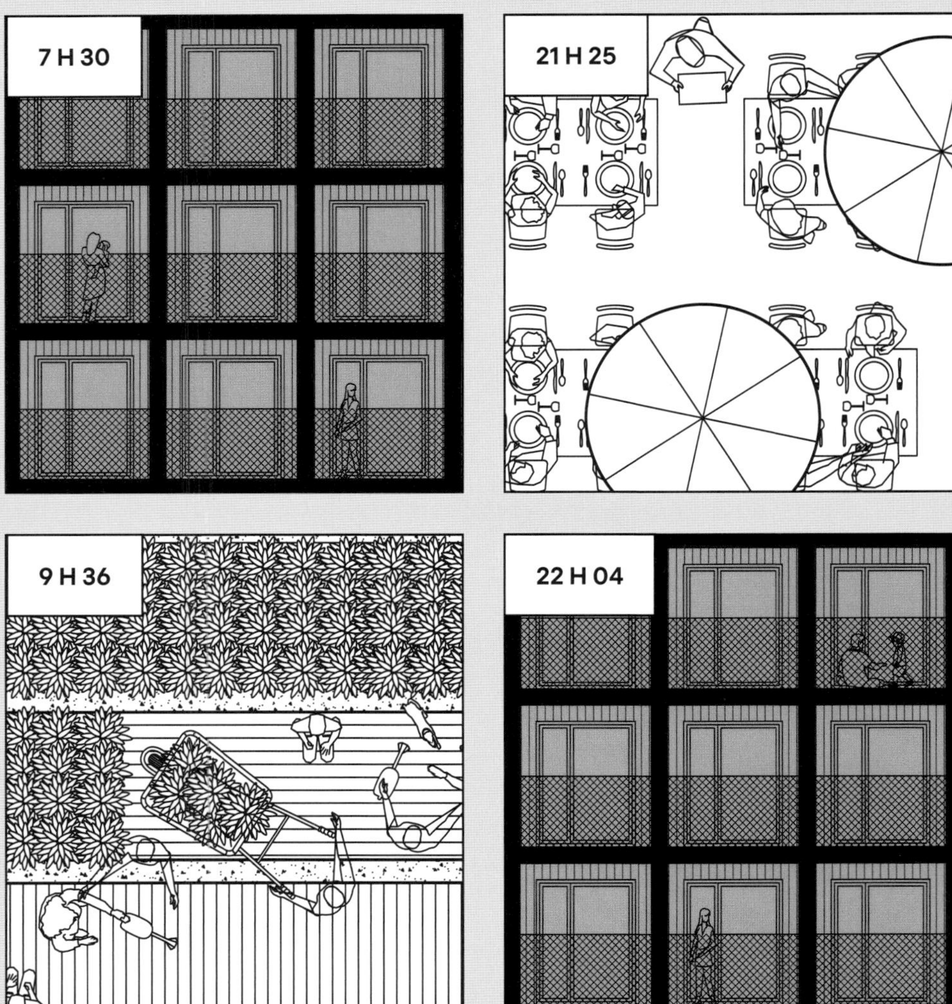

Lieu 2 bis, rue de l’Ourcq,
75019 Paris

Milieu Urbain

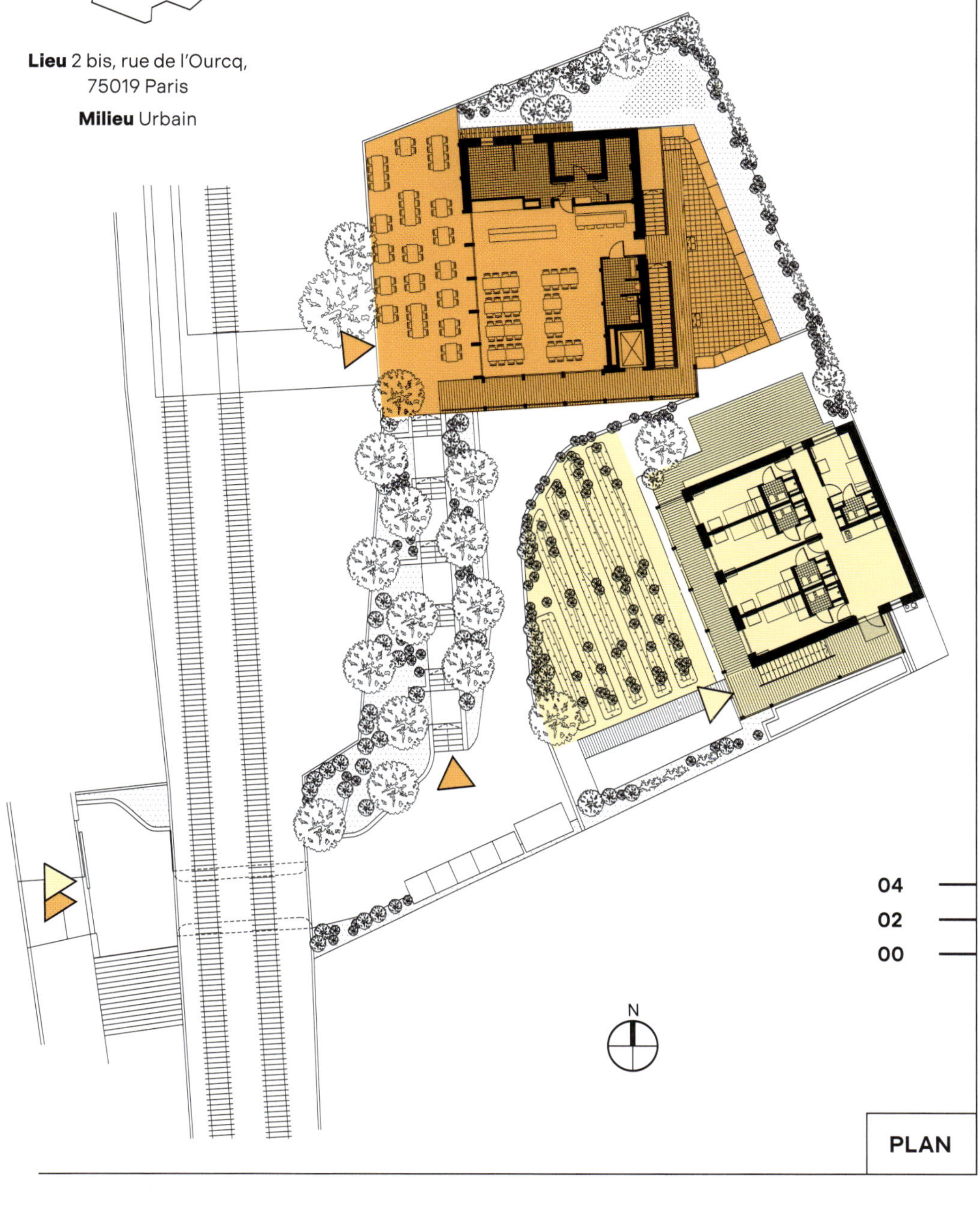

LE PROJET

Développé avec le concours d'associations et de personnes vivant dans le quartier, le projet articule habitat et travail avec l'agriculture en ville.

La Ferme du Rail compte ainsi un centre d'hébergement et de réinsertion sociale de 15 logements (T1), une résidence sociale étudiante de 5 logements (T1), une exploitation agricole (potager en permaculture en pleine terre, potager de toiture, serre de production, bassin d'aquaponie…), ainsi qu'un restaurant de 137 mètres carrés.

Cet équipement de quartier allie habitat, formation, production et restauration dans une optique de solidarité. Les personnes qui y vivent et y travaillent cultivent fruits et légumes au pied ou sur le toit de leur habitat, en se servant des déchets organiques compostés par les restaurants du quartier. Dans une logique de circuit court, la production maraîchère est destinée à la vente directe ainsi qu'au restaurant ouvert au public.

L'économie circulaire participe à vivifier la vie de quartier tout en ménageant les ressources énergétiques.

Architecturalement, l'ambition se traduit par exemple par l'emploi de matériaux biosourcés, avec une structure et des menuiseries bois, une isolation en bottes de paille.

La Ferme du Rail est un lieu qui évolue au cours de la journée et de la semaine, en fonction des horaires des activités et de temps libre. La mixité d'usages au sein de l'îlot productif permet de rendre visible l'activité maraîchère dans un milieu dense, alors qu'elle est bien souvent mise à distance des regards de la ville. On comprend là toute la portée pédagogique du lieu, qui est également un centre de formation.

Dans le cas de personnes en situation d'insertion, la proximité résidence-travail développée répond à des besoins essentiels, à savoir disposer d'un logement tout en ayant la possibilité de se former à un métier « socialement utile ».

Bon à savoir

L'intimité reste préservée au sein de ce lieu aux usages multiples : les logements s'implantent dans un corps de bâti distinct, en retrait du potager en pleine terre, l'épaisseur du balcon-coursive contribuant à cette mise à distance. Alors que logements et espaces de travail renvoient à des cadres réglementaires distincts, cette séparation permet en outre de les distinguer clairement.

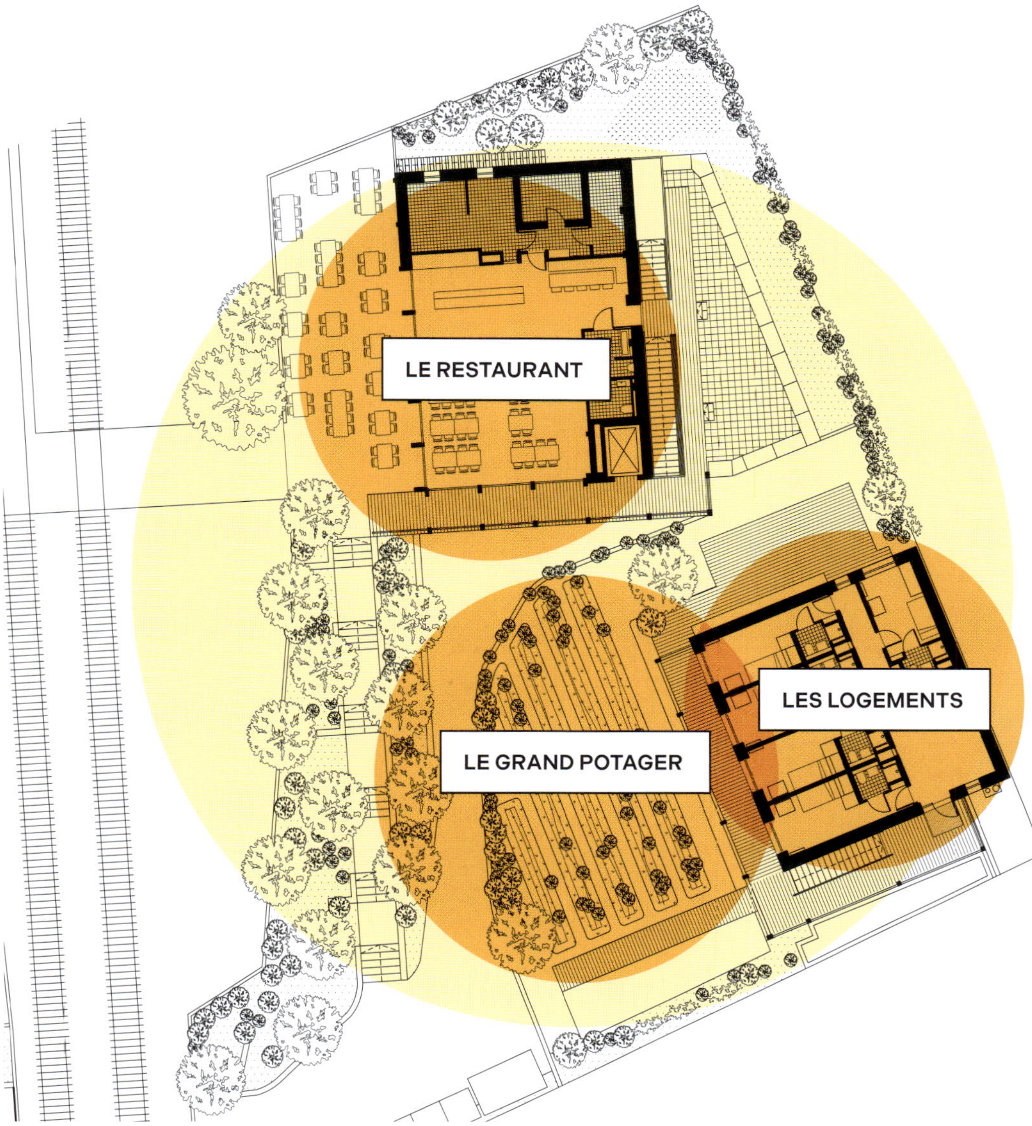
LE RESTAURANT
LES LOGEMENTS
LE GRAND POTAGER

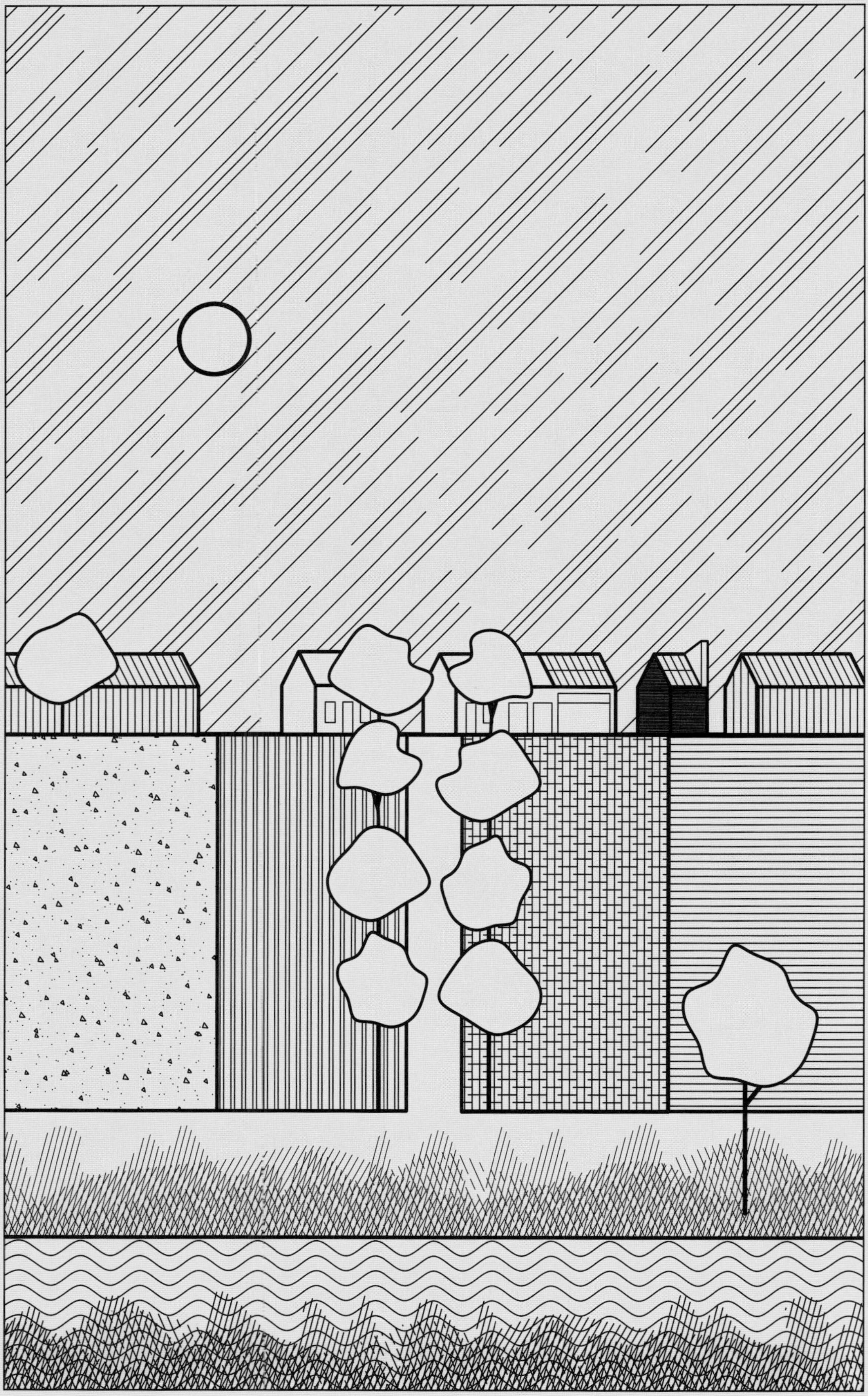

LE PARC AGRICOLE

Projet « Agriparc des berges de l'Hers »

MOE Les Marneurs (architectes, paysagistes, urbanistes)

Bureau d'études AIKO, Terreauciel, Éco-Études

Exploitants Jérôme Lachurie, Synethic, Fédération des Jardins Familiaux

Partenaires Association Arbres et paysages d'autan, Purpan, Briqueterie de Nagen, SCLE SFE

MOA SA des Chalets, GIE Garonne Développement (mandataire)

Surface 37,5 ha et 45 logements

Budget 4 600 000 euros

Construction Remembrement/neuf

Statut Étude en cours

Public Métiers de l'agriculture

Une stratégie de synergies à l'échelle territoriale à destination aussi bien du public que de l'exploitation maraîchère. Lauréat de l'appel à projets urbains innovants « Dessine-moi Toulouse » en 2019, le projet promeut une logique de mixité : entre agriculture et espace public, entre exploitations agricoles et logements.

LE POINT DE DÉPART

CONCEPTS CLÉS

Ponctuel/Pérenne
Visible/Invisible
Proximité/Nuisances

L'Agriparc des berges de l'Hers s'inscrit à grande échelle, sur un site de 37,5 ha en limite de Toulouse. Pensé comme un « laboratoire d'expérimentation », il tient son nom de la contraction des termes « agriculture » et « parc ».

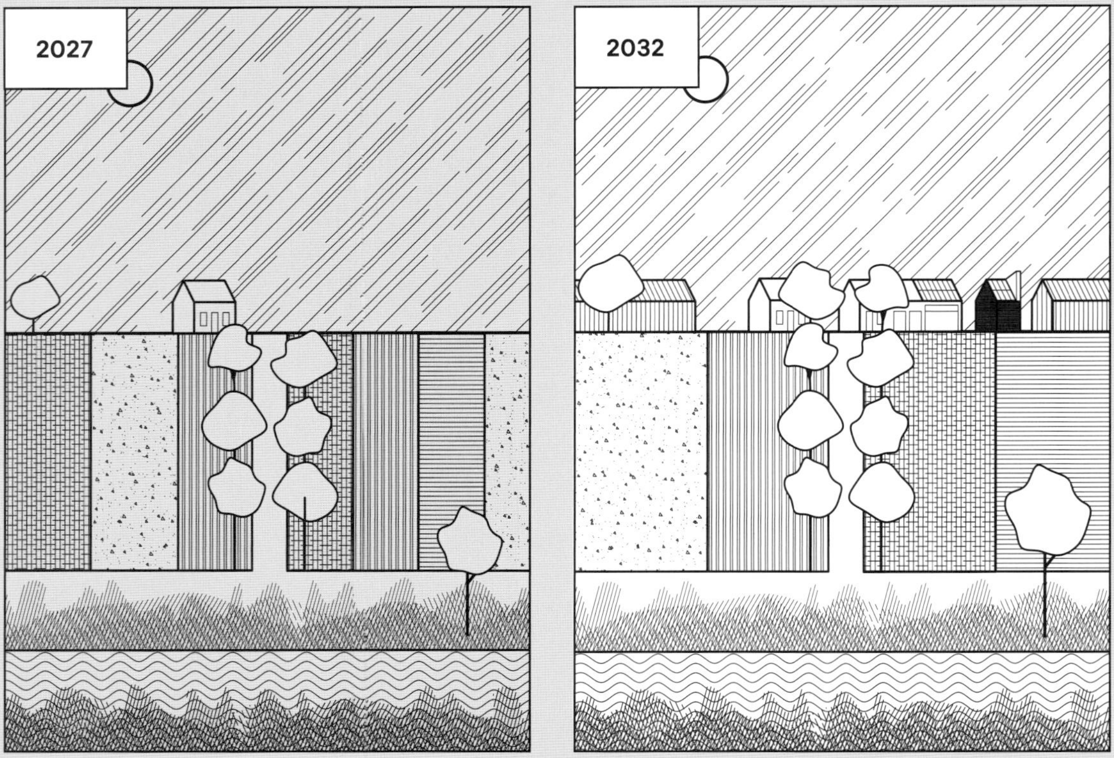

Le truc en plus

Le parc agricole permet de mêler espace public et terrains cultivables autour de la présence de l'eau. Cette mixité vient rompre l'isolement de la profession régulièrement pointé par l'actualité, tout en permettant de rendre visibles les activités agricoles, ce qui confère une forte dimension pédagogique au lieu. Les proximités offrent une possibilité de partage des savoirs et de mutualisation des moyens de production.

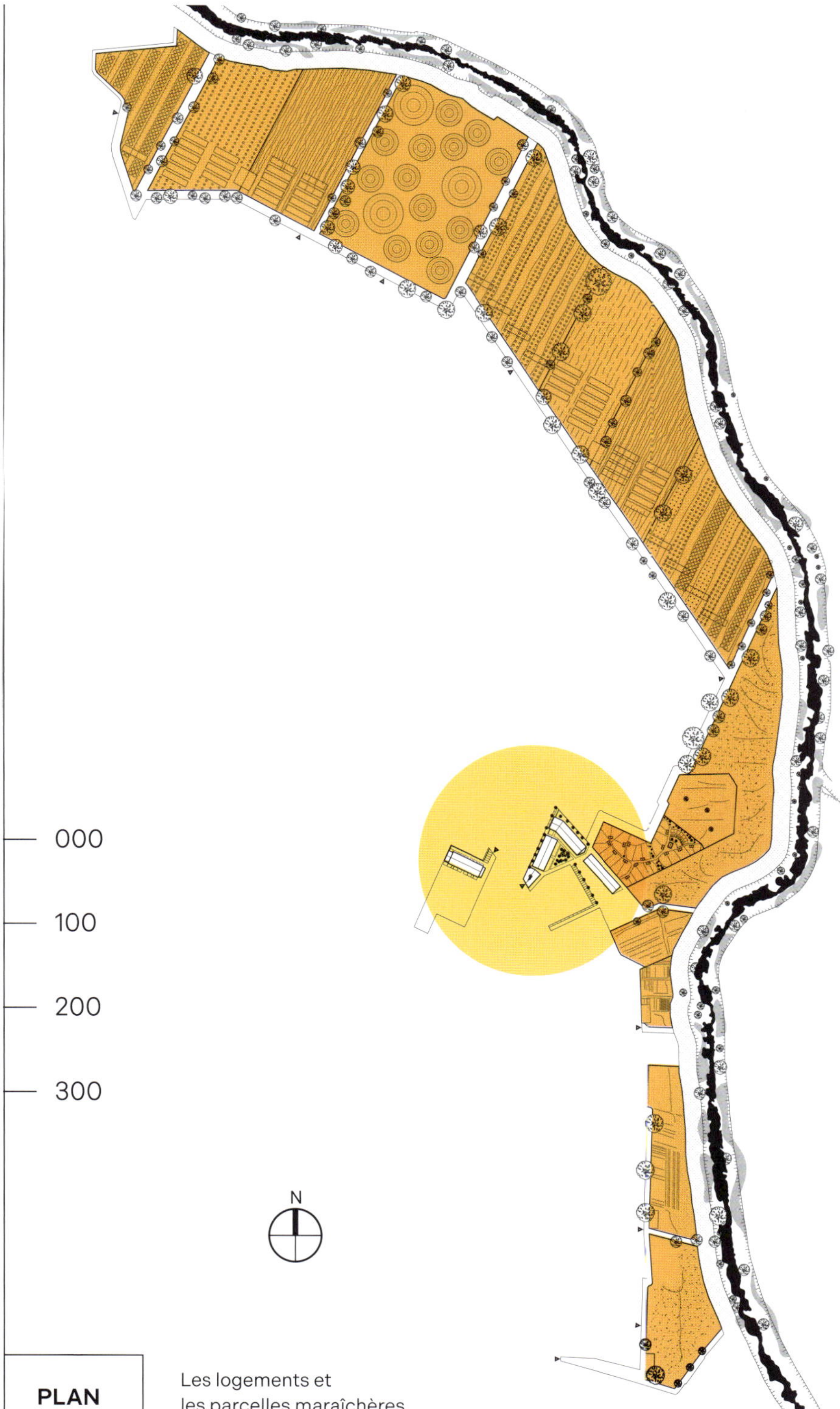

PLAN

Les logements et
les parcelles maraîchères

LE PROJET

La volonté de mise en synergie est bien visible au prisme des liens tissés avec l'Hers, rivière en bordure du site d'intervention. Le projet vise en effet à rendre celle-ci accessible via un ensemble de traverses (à destination du public comme des personnes qui exploitent les parcelles), tandis que l'eau participe également à l'irrigation des terrains agricoles.

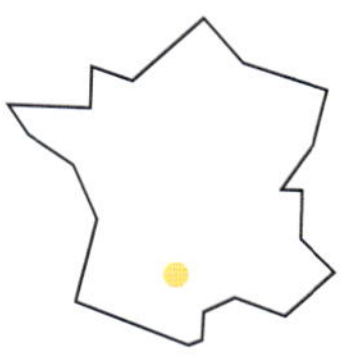

Lieu Chemin Virebent, 31200 Toulouse

Milieu Périurbain

Côté habitat, 45 logements sociaux dits « maraîchers » sont répartis sur deux « pépites de foncier ». Ils sont destinés en priorité aux personnes engagées dans une activité agricole pérenne, ou plus ponctuellement en formation (12 à 20 logements leur sont réservés).

Le dispositif permet de répondre à de multiples besoins spécifiques.

Il offre des terrains agricoles proches d'une grande ville couplés à des logements abordables et à proximité immédiate du lieu de travail.

Il permet en outre une grande souplesse avec un foncier découpé en 40 lanières d'environ 1 hectare, disposées perpendiculairement à l'Hers, sur la base de l'existant. Ces lanières peuvent être utilisées indépendamment ou bien groupées afin de former une plus grande surface cultivable, répondant dans la durée à des besoins changeants (formation, augmentation d'activité…).

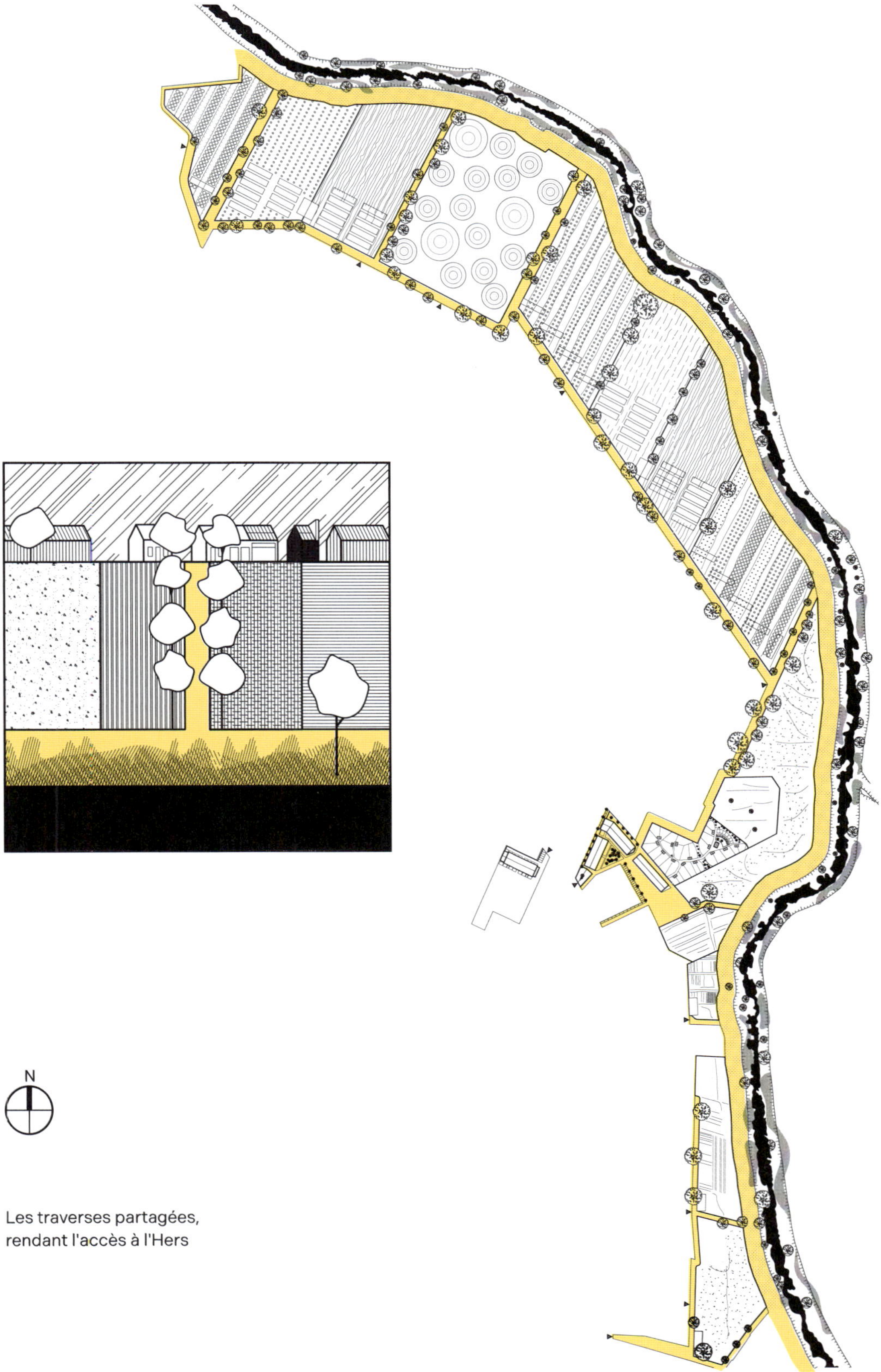

N

Les traverses partagées,
rendant l'accès à l'Hers

CONCEPTS CLÉS

01 PRATIQUES ET SOCIÉTÉ

Invention/ Rétro-invention

Alors que la frontière entre travail et vie personnelle s'estompe, la demande pour une architecture capable d'accompagner ces besoins changeants s'intensifie, comme en témoigne la multiplication des appels à projets innovants ces dernières années. En ce sens, les projets du corpus reflètent les transformations sociétales en cours. Cependant, refusant l'écueil de la course aux nouvelles **inventions**, certains développent des stratégies que l'on pourrait qualifier de **rétro-invention** (SOL Architecture revendique même une posture de « désinnovation »), consistant à réinterpréter des figures historiques : la cour faubourienne pour le projet « L'Industrie Voisine » de Syvil Architectures ou le logement-atelier pour la Halle aux Artisans de l'agence SOL.

Autonomie/Synergies

Les projets présentés dans le corpus cherchent à favoriser l'**autonomie** des travailleurs et travailleuses en renforçant leurs liens avec les moyens de production. Par exemple, la Halle aux Artisans rassemble en un même lieu un logement à prix abordable, un local d'activité à loyer maîtrisé, un atelier partagé équipé pour des travaux et une halle publique destinée à la vente des productions. D'autres initiatives s'inscrivent dans une logique de **synergies**, comme la Ferme du Rail, où les déchets organiques du quartier sont collectés pour soutenir l'activité maraîchère.

Visible / Invisible

L'éloignement des activités productives, reléguées hors des quartiers résidentiels, a contribué à leur **invisibilité**. L'hybridation entre habitat et travail permet de les réintégrer à la vie de la cité en assumant de les rendre **visibles**. Cette approche est particulièrement manifeste dans le projet « L'Industrie Voisine » de Syvil Architectures, notamment à travers sa « cour cohabitée ». Toutefois, lorsque l'activité professionnelle s'installe au sein du logement, les stratégies mises en place tendent plutôt à la dissimuler pour préserver l'intimité, comme dans le projet « Cécille-Dinant » et son dispositif de bureau-cloison.

02 ESPACE ET ESTHÉTIQUE

Transformation/ Réversibilité

Le confinement à l'heure de la crise du Covid-19 a contribué à la généralisation du télétravail, entraînant une hausse significative du nombre de bureaux vacants. L'idée de les **transformer** en logements s'est alors imposée, comme en témoigne l'édition 2021 de « Réinventer Paris », intitulée « Transformer les bureaux vacants en logements ». Le projet « Tebio » de Canal Architecture propose des espaces sans affectation définie, favorisant la **réversibilité** entre bureaux et logements. Cette flexibilité permet de répondre aux évolutions des besoins et encourage une mixité fonctionnelle.

Compact/Diffus

Lorsque le travail s'intègre au logement, les solutions varient entre des aménagements définis et d'autres plus flexibles. Par exemple, le bureau-cloison de l'appartement rue Cécille-Dinant délimite un espace de travail **compact**, tandis que le projet « Unité(s) » de Sophie Delhay répartit les pièces de manière plus **diffuse** et ouverte, offrant ainsi une grande liberté d'usage.

Spécifique/ Composite

L'hybridation entre habitat et bureau remet en question les archétypes architecturaux. Dans le projet « Edison », les architectes revendiquent un patchwork en guise de façade, résultant de l'expression individuelle des besoins. Quant au projet « Tebio » de Canal Architecture adopte une façade tramée et répétitive qui n'est pas conditionnée par l'affectation du bâti.

03 DISTANCES ET TEMPORALITÉS

Proximité/ Nuisances

Beaucoup de projets mettent en avant la **proximité** et la mixité fonctionnelle, en résonance avec le modèle de la « ville du quart d'heure ». Cependant, cette cohabitation peut entraîner des **nuisances**. Afin de prévenir ces désagréments, les occupants de SOHO sont choisis sur dossier par une commission d'attribution, prenant en compte la nature de l'activité.

Temporaire/ Pérenne

Les besoins en espaces de travail sont souvent **temporaires**. Pour le télétravail, payer l'usage d'une pièce supplémentaire pour quelques jours par mois n'est pas une option viable. Le projet du Cours des Arts, conçu par ALTA Architectes, répond à ce besoin en proposant un espace partagé accessible sans frais supplémentaires. Certains projets anticipent une évolution des espaces dans une logique **pérenne**, comme l'Agriparc (Les Marneurs) qui permet d'ajuster la taille des parcelles maraîchères. Dans la Halle aux Artisans (SOL Architecture), les ateliers peuvent être désolidarisés des logements en cas de cessation d'activité, ce qui épargne un déménagement.

04 CADRE ET RÉGLEMENTATION

Programmé/ Déprogrammé

L'hybridation entre habitat et travail se pense souvent dès la phase de conception dans le cadre d'une **programmation** spécifique. Dans les SOHO du quartier La Chapelle International (Paris 18e), un escalier relie les logements et les espaces d'activité qui sont superposés. (Jacques Moussafir Architectes et Nicolas Hugoo Architecture). À l'inverse, le projet « Edison » (Studio Muoto) propose des logements **déprogrammés**, offrant la possibilité d'être aménagés selon les besoins.

Hybride/Distinct

D'un point de vue juridique, les logements et les espaces de travail sont soumis à des réglementations **distinctes**. La Ferme du Rail distingue ces 2 cadres réglementaires dans des bâtiments séparés, à la différence du projet « Tebio » (Canal Architecture) qui adopte une approche résolument **hybride** en déclarant la surface de plancher sans affectation précise, permettant ainsi une requalification sans nécessité de permis modificatif.

Bibliographie

Aureli, P. V., *Living and Working*, Cambridge, MIT Press, 2022.

Canal Architecture, SCCV Tour Elithis Bordeaux, Rubin, P. (dir.), *Construire réversible à Bordeaux*, Paris, Canal Architecture, 2023.

Eskénazi, A., « L'étymologie de travail », *Romania*, t. 126, n° 503-504, 2008, p. 296-372.

Gault, F., *Apocalypse Work. Démystifier le travail pour affronter le XXI*[e] *siècle*, Malakoff, Dunod, 2022.

Gautreau, C., Morio, S., *Homy. Coliving, cohabiter*, Paris, Éditions du Pavillon de l'Arsenal, 2018.

Halpern, G., *Tous centaures ! Éloge de l'hybridation*, Paris, Le Pommier, 2020.

Holliss, F., *Beyond Live/Work: The Architecture of Home-Based Work*, Londres, Routledge, 2015.

Holliss, F., Barac, M., *Work Home. Housing Space Use in the Pandemic and After: The Case for New Design Guidance*, Londres, London Metropolitan University, 2021.

Simay, C., Simay, P., *La Ferme du Rail. Pour une ville écologique et solidaire*, Arles, Actes Sud, 2022.

Van Gameren, D., Kuitenbrouwer, P., Scheurs, E. (dir.), *Home Work City: Living and Working in the Urban Block*, Rotterdam, Nai010 Publishers, coll. « DASH », n° 15, 2019.

Violeau, J.-L., *Habiter les mixités à Rennes*, Nantes, Joca Seria, 2020.

Sitographie

ALTA Architectes, « Résidence intergénérationnelle Beauregard-Quincé Rennes », a-lta.fr [consulté le 07/02/2024].

Atelier Transition Interior Design, « Appartement de 52 m², Paris », www.transition-id.com [consulté le 07/02/2023].

Canal Architecture, « Bordeaux – 2015-2022. Logements réversibles », canal-architecture.com [consulté le 29/11/2023].

Grand Huit, « Ferme du Rail », grandhuit.eu [consulté le 21/03/2023].

Jacques Moussafir Architectes, « Habiter », www.moussafir.fr [consulté le 06/02/2023].

Les Marneurs, « Agriparc des berges de l'Hers et 45 logements maraîchers », lesmarneurs.cargo.site [consulté le 23/05/2023].

SOL Architecture et Urbanisme, « La Halle aux Artisans », www.sol-architecture.com [consulté le 21/09/2023].

Sophie Delhay Architecte, « Unité(s) », sophie-delhay-architecte.fr [consulté le 08/11/2022].

Studio Muoto, « Edison », www.studiomuoto.com [consulté le 22/09/2023].

Syvil Architectures, « L'Industrie Voisine », www.syvil.eu [consulté le 23/09/2023].

Remerciements

Le 139 et Bond Society remercient l'ensemble des actrices et acteurs qui ont contribué à cette étude, notamment à l'occasion d'entretiens, en particulier : Geoffrey Clamour (architecte HMONP et urbaniste DSA cogérant des Marneurs), Éric Guéret (coordinateur de vie sociale de Néotoa), Maxime Le Trionnaire (architecte DPLG cogérant d'ALTA Architectes), Nathanaël Mathieu (cofondateur de LBMG et de Neo-nomade), Hélène Reinhard (architecte DPLG et architecte conseil de l'État, gérante de SOL Architecture et Urbanisme), Patrick Rubin (architecte DPLG fondateur de Canal Architecture).

Les autrices et auteurs remercient les maîtres d'œuvre des opérations : ALTA Architectes (Maxime Le Trionnaire, Gwénaël Le Chapelain, Fanny Larhantec, Aurélie Morel), Canal Architecture (Patrick Rubin, Annie Le Bot, Clément Vulliez), Grand Huit (Marine Kerboua, Julia Turpin, Clara Simay), Jacques Moussafir Architectes (Jacques Moussafir), Les Marneurs (Antonin Amiot, Geoffrey Clamour, Julien Romane), Nicolas Hugoo Architecture (Nicolas Hugoo), SOL Architecture et Urbanisme (Hélène Reinhard), Sophie Delhay Architecte (Sophie Delhay), Studio Muoto (Gilles Delalex, Yves Moreau), Syvil Architectures (Achille Bourdon, François Giannesini), Atelier Transition Interior Design (Margaux Meza, Carla Lopez).

Un remerciement tout particulier s'adresse à Frances Holliss qui a bien voulu accorder de son temps pour contribuer à éclairer le sujet du Live/Work dans cet ouvrage.

Christelle Gautreau et Stéphanie Morio expriment leur reconnaissance à Nicolas Goubier et Romain Manesta.

Sans oublier Maxence Gourdault-Montagne pour la coordination générale, Romane Luco pour son aide précieuse, Marie Brière pour la traduction, Emmanuelle Rolland et Marion Doublet pour leur confiance et leur patience sans limite.

Ce livre a été conçu sous la direction du 139 et de Bond Society, avec le soutien du fonds Alinov d'Action logement.

Logeo Seine
Groupe ActionLogement

ActionLogement

LE 139

bond society

Équipe scientifique

Entretien avec Frances Holliss
Conception scientifique - Logeo Seine, Jérôme Jacq, directeur stratégie et offres
Retranscription - Logeo Seine, Maxence Gourdault-Montagne, responsable projets stratégiques habitat
Traduction - Marie Brière
Comité de suivi - Bond Society, Christelle Gautreau, Stéphanie Morio, architectes associées, Nicolas Goubier, architecte doctorant

Étude et analyse des 10 projets
Conception scientifique - Bond Society, Christelle Gautreau, Stéphanie Morio, architectes associées, Nicolas Goubier, architecte doctorant
Production de l'étude - Bond Society, Nicolas Goubier, architecte doctorant, Romain Manesta, architecte d'intérieur designer
Comité de suivi - Logeo Seine, Jérôme Jacq, directeur stratégie et offres, Maxence Gourdault-Montagne, responsable projets stratégiques habitat

Crédits

© Frances Holliss : p. 10 ; © Studio Muoto : p. 12, 56 ; © Myr Muratet : p. 21, 82 ; © Shoootin (Margaux Meza, Transition ID) : p. 29, 30 ; © Stéphane Chalmeau : p. 35, 36 ; © Bertrand Verney : p. 41, 42 ; © Sophie Delhay : p. 43; © Hervé Abbadie : p. 50, 51; © Maciek Jozefiak : p. 62; © Baptiste Mingoia : p. 70; © Syvil architectures : p. 76; © Les Marneurs : p. 88

Toutes les illustrations et plans ont été réalisés par © Bond Society : couverture et p. 25, 28, 31, 32, 34, 37, 38, 40, 43, 46, 48, 49, 51, 52, 54, 55, 57, 58, 60, 61, 63, 66, 68, 69, 71, 72, 74, 75, 77, 78, 80, 81, 83, 84, 86, 87, 89.

Flammarion
l'atelier

Ce livre a été réalisé par l'Atelier des Éditions Flammarion, éditeur à Paris depuis 150 ans.

Directeur éditorial
Henri Julien

Responsable de projet
Emmanuelle Rolland

Éditrice
Marion Doublet

Graphisme
Studio Recto Verso

Relectures
Clémentine Bougrat

Fabrication
Manon Pouch

Photogravure
IGS

ISBN : 9782080479662
Numéro d'édition : 653563
Dépôt légal : mai 2025
Achevé d'imprimer par Pollina, France, en avril 2025.
© Éditions Flammarion, Paris, 2025

editions.flammarion.com
latelier@flammarion.fr

Les Éditions Flammarion sont investies dans une démarche active pour maîtriser l'empreinte environnementale de leurs parutions. Ainsi, le livre que vous tenez entre les mains a été imprimé sur des papiers issus de forêts gérées durablement, par un imprimeur engagé dans la protection de l'environnement.

PEFC 10-31-2065 / Certifié PEFC / pefc-france.org